KB214100

놀라우신 하나님

God is Magic

놀라우신 하나님

초판 1쇄   2019년 4월 8일
3쇄 발행   2019년 4월 18일

지 은 이 _ 반다혜
펴 낸 이 _ 이태형
펴 낸 곳 _ 국민북스
편   집 _ 김태현
디 자 인 _ 서재형

등록번호 _ 제406-2015-000064호
등록일자 _ 2015년 4월 30일

주   소 _ 경기도 파주시 와석순환로 307, 1106-601 우편번호 10892
전   화 _ 031-943-0701
팩   스 _ 031-942-0701

놀라우신 하나님

God is Magic

반다혜 지음

국민북스

이 책에는 하나님의 부르심과 인도하심에 따라 케냐에서 사역한 반다혜 선교사의 1년 3개월의 삶과 사역과 영성이 포장 없이, 가감 없이 그대로 묻어나 있습니다. 아마도 첫 페이지를 여는 순간, 어느새 마지막 페이지를 읽고 있는 자신을 발견하게 될 것입니다. 생생한 선교현장, 사역의 희로애락, 세밀한 하나님의 역사와 섭리, 그리고 무엇보다 하나님께서 서 있으라 한 그 선교의 자리에 순종함으로 서 있었던 반다혜 선교사를 매 순간 이끄시고 만지시고 돌보신 신실하신 하나님의 선하신 손길을 목도할 수 있습니다.

단기·장기 선교사들에게는 공감을, 선교를 준비하는 자에게는 길잡이를, 여러 모양으로 선교에 동참하며 선교적 삶을 살기 원하는 모든 믿는 자들에게는 선교사들과 선교현장을 이해할 수 있는 넓은 안목과 선교적 마인드와 열정을 선사할 것입니다. 반다혜 선교사와 그가 사역한 학생들, 선생님들, 그리고 반 선교사의 기도, 눈물, 행복, 웃음, 번민, 울부짖음, 깨달음, 회개, 결단, 기쁨, 감사, 내려놓음, 그리고 철저하게 붙잡았던 예수님과의 동행이 하나님 앞에서 일상을 살아가며 주어진 사명을 감당하는 모든 이들에게 큰 도전과 감명을 줄 것을 확신합니다. 반다혜 선교사의 고백이 지금도 살아서 역사하시고 기적을 베푸시는 하나님을 온전히 증거하고 있음에 감사하며 이 책을 권합니다.

어렸을 때부터 지켜봐 온 반다혜 선교사에게서 온 선교 편지를 읽으며, 저는 예수님을 따라가는 삶에 대한 큰 도전을 받았습니다. 그는 하나님을 사랑하는 표현을 선교하는 것으로 나타내 보였습니다. 그는 선교사로 가서 자신이 먼저 배우고, 자신의 신앙 성숙의 기회로 삼으며, 그 나라가 하나님의 나라로 이루어지기를 간절히 기도하였습니다.

"여기 있는 사람들에게 도움을 받는 것을 배우고, 더 낮게 겸손하게 하루를 살아야겠다는 생각을 합니다. 그래서 그들에게 하나도 도움을 주지 못했다고 선교의 끝에 고백하더라도 나는 그들과 '함께 했다'라고 고백할 수 있기를 기도합니다."

자신이 교육적으로 가르치는데 부족하더라도, 그들과 함께 있기로 하는 자세. 그것은 선교사의 참 덕목이면서도, 목사들에게도 꼭 필요한 모습입니다. 무엇보다도 반다혜 선교사는 교육선교사로서 학생들에게 예배시간이 꿈과 기쁨의 시간이 되도록 환경을 조성해주고 예배의 중요성을 가르쳤습니다.

반다혜 선교사는 미국에서 주로 공부하고, 큰 부족함 없이 좋은 환경과 좋은 부모 밑에서 성장하였습니다. 그런 그는 선교를 떠날 때부터 부모의 도움 없이 온전히 하나님만

의지하고 하나님께서 주시는 선교비로만 생활하였습니다. 케냐에서 문화적으로나 환경적으로 여러 변화 속에서 어려운 시간을 보내면서도, 그는 자신이 가장 행복해하는 삶, 가장 만족스러운 자신의 모습은 "하나님 말씀에 순종할 때"라고 고백합니다. 그 고백 가운데, 은퇴목사인 저 역시 예수님을 올바로 만나고, 바른 신앙으로 살아가는 것에 대하여 다시 되새겨 볼 수 있는 시간이었습니다. 구도자는 끊임없이 하나님을 찾아가고, 하나님의 자녀로서의 자아를 항상 찾아가는 자입니다. 늘 고뇌하고 하나님 앞에 거룩히 서는 그의 모습에서 매일매일 성장하는 모습을 볼 수 있었습니다.

저는 이 책에 한 젊은 선교사의 깊은 고민과 생활이 담겨 있을 뿐 아니라, 그리스도인 모두에게 주는 메시지가 있다고 생각합니다. 우리는 그리스도인으로서 세상에 나와 살면서 정체성에 대해 고민하고, 여러 크고 작은 괴리감을 느끼며 살아갑니다. 일상생활에서 하나님만 의지하고 그 말씀에 순종하기 위해 노력하면서도, 하나님만 경외하며 하나님만으로 만족하기 힘든 삶 속에서 살아가고 있습니다. 반다혜 선교사가 케냐라는 땅에서 그 나라를 향해 품은 소망, 케냐 사람들을 품은 사랑을 보고 느끼면서, 우리 또한 하나님 앞에 온전한 소망을 품는 계기가 될 것이라고 확신합니다.

제가 반다혜 선교사의 편지를 읽으면서, 그가 글을 쓰는 은사가 있고 무엇보다 '깨닫는' 은사가 뛰어나다는 것을 느

6

껐습니다. 깨닫는 것은 깨어 있어야 얻을 수 있는 것입니다. 그의 고백처럼 인생은 너무나 놀라운 하나님의 선물이자 동행이라는 것을 날마다 깨어서 느끼는 것. 그것이 우리 그리스도인들이 가져야 할 가장 큰 과제입니다. 그는 항상 많은 사람에게 중보기도를 요청하고 응답이 왔을 때는 감사의 소식을 전하였습니다. 중보기도의 중요성을 알고 기도와 감사를 아는 모습. 우리 모두가 그 모습과 함께하기를 바라며 기쁨으로 이 책을 추천합니다.

음동성 동교동교회 원로목사

"네가 나를 사랑하느냐?"

예수님께서 베드로에게 물으셨지요. 오늘도 하나님 나라를 위해 분투하며 묵묵히 자리를 지키고 계시는 수많은 선교사님을 생각할 때마다, 또한 선교지에 발걸음을 하게 될 때마다, 예수님의 질문을 마음에 새기곤 합니다.

"네가 나를 사랑하느냐?"

바로 예수님의 이 물음에 응답하기 위해 다른 삶을 살기로 선택한 선교사님들. 어려운 선교지의 상황과 환경, 문화와 언어가 전혀 다른 사람들 가운데에서도 여전히 자리를 지키시는 모습들. 그 가운데서 하나님의 마음을 담고 하나님께서 보내신 곳으로 가는 것이 어떠한 것인지, 삶의 우선순위를 바꾼다는 것이 무엇인지 다시 생각하게 됩니다.

케냐에서 매주 한 통씩 전해졌던 선교 편지들이 제 마음에 이런 울림을 일으킨 것처럼, 여기 담긴 진술한 글들을 통해 선교지와 수고를 아끼지 않는 선교사님들의 삶이, 질문에 대한 답으로 우리에게 들려 올 것이라 생각합니다.

"네가 나를 사랑하느냐?"

가장 꽃다운 나이, 가장 하고 싶은 것이 많은 순간에 주님의 이 질문에 응답하고자 케냐에서 적어 내려간 이 글들이 무엇보다 동시대의 청년들에게 깊은 울림과 도전이 되기를 소망합니다. 어려운 세상을 살아가야 하는 청년들에게 '사랑하면 꿈꾸게 되고, 사랑하면 얼마든지 새로운 길을 열어갈 수 있다'는 충분한 응원의 메시지가 되리라 생각하며 이 책을 추천합니다. 이 땅의 그리스도인 청년들이 마음과 생각이 새로워지고 다른 시선을 가지는 기회가 되어 그들이 준비된 삶과 열정으로 선교지를 주의 마음으로 품는 일들이 일어나기를 소망합니다.

"내 양을 먹이라."

주님을 사랑한다면, 정말 주님의 요청에 응답한다면, 이제는 그분이 원하신 대로 기꺼이 양들을 먹이는 또 다른 선교의 삶이 일으켜지리라 믿습니다. 저 또한 예수님의 이 명령에 순종하는 착하고 충성된 청년들의 삶을 응원하며 도울 수 있기를 꿈꾸며 기도합니다. 귀한 글을 만나게 하시고, 아름다운 책으로 엮어내어 이 시대를 향한 주님의 부름심에 응답하게 하신 주님께 감사드립니다.

모든 영광을 하나님께 드립니다.

안상철 방주교회 은퇴장로

2030 Missionary 300!

이 선언은 2030년까지 선교사 300명을 후원, 파송하고자 하는 방주교회 중장기 비전이며, 또한 20대 30대 300명의 젊은이를 하나님 나라와 선교를 위해 일으키고자 하는 비전이기도 하다. 한국교회 성장의 침체와 '한국 선교의 겨울 왕국'이라는 위기의식 속에서 어쩌면 무모한 도전이기도 하다. 그러나 그렇기 때문에 더더욱 포기할 수 없는 도전과 사명이라고 믿는다. 이 비전에 대한 다혜의 헌신에 아버지와 담임목사로서 감사했다.

대학을 졸업하고 자신의 전공인 공연기획 분야에서 열심히 일하고 있던 딸이었다. 첫 직장생활을 시작한 청년들이 그런 것처럼 하고 싶은 일을 하고 있지만 힘들어했고 때로는 흔들리기도 했었다. 신앙적 가치관과 자신이 꿈꾸던 일과 현실 사이의 괴리, 공연기획 분야의 문화적 현실들은 매번 새로운 도전과 부담, 영적 전쟁으로 이어졌었다. 그 모습을 보면서 묵묵히 기도할 수밖에 없었다. 잘 견디고 이겨내기를.

힘들어하고 흔들리는 다혜가 안정되고 어느 정도 자리를 잡을 때쯤, "공부를 더 하고 싶고, '2030 300' 비전에 동참하겠다"고 스스로 결단했다. 도전을 한 적은 있었다. "너의 인생에서 제일 젊고 예쁜 시간을 선교를 위해 드릴 수 있겠니?"라고. 평생 선교적인 삶을 살아야겠지만 우선 단기 선교로 1~2년 선교지에 다녀오면 좋겠고, 구체적인 장소로 아프리카 케냐가 어떻겠냐고 생각을 나눈 적이 있었다. 아프리카 선교를 위해 오랫동안 중보하고 후원했던 우리 부부였고 '지라니 케냐 어린이 합창단' 같이, 아프리카 아이들에게 찬양과 율동, 뮤지컬을 가르치고 아이들에게 꿈과 자신감을 줌으로써 보는 이들에게는 감동과 도전을 주는 팀을 만드는 일을 해보면 좋을 것 같았었다. 마침 오랫동안 가족처럼 지내온 아프리카 선교사 내외분이 케냐에 설립하신 학교에서 구체적인 제안이 왔다. 두 분이 흔쾌히 수락하셨기에 가능한 일이었다. 처음에 다혜는 어떻게 그런 일을 하겠냐고, 그런 능력도 없고 아직 준비되지 않았고 못 한다며 손사래를 쳤었다. 하지만 한동 교육대학원에서 한 학기 공부를 한 후 기도하면서 배우는 마음으로 가보겠다는 결단을 했다. 사실 도전은 했지만 순종을 기대한 것은 아니었다. 강요할 수도 없었지만 아프리카로 혼자 떠나보낸다는 것은 아빠의 입장에서도 쉬운 일이 아니었다.

마침내 간다고 했을 때 결단과 순종에 대해 기뻤지만, 한편으로는 놀랍고 믿기지 않기도 했었다. 아버지 말에 순종한 것도 그렇지만 그 말을 통해 하나님의 음성을 들을 수 있었던 딸이 더 대견했었다. 인간적인 걱정이 없었던 것은 아니었다. 밤 10시만 되어도 밤길 다니는 딸을 걱정했던 터라 아프리카로 딸을 혼자 보내겠다는 생각은 하나님이 주신 마음이라고 지금도 믿고 있다. 다혜는 그곳 학교에서 영어와 뮤지컬을 가르쳤다. 그렇게 선교지에서 하루하루 생활하는 모습을 멀리서 지켜보면서, '주님이 함께하시고 인도하시고 보내셨구나'라는 확신이 들었고 걱정은 감사로 바뀌었다. 무엇보다도 일주일에 1~2회씩 보내는 선교 편지와 선교 일기를 통해 믿음과 인격이 성장하고 주님과 깊이 동행하는 모습을 볼 수 있었다.

다혜는 우리가 꿈꿨던 것처럼 그곳의 아이들에게 하나님 나라의 공동체 의식을 심어주고, 하나님의 마음을 품고 그 아이들을 잘 지도했으며, 뮤지컬 팀을 만들어서 학교에서뿐만 아니라 케냐 국립극장에서까지 뮤지컬을 공연하는 등 하나님의 역사를 경험하고 돌아왔다. 다혜뿐 아니라 아이들과 그 학부모들, 함께 했던 모든 이들이 하나님 안에서 무엇이든지 할 수 있다는 가능성을 확인하는 기쁨과 축제의 시간이었다.

약속한 1년 3개월의 단기선교를 마치고 돌아와서 또 다음 과정을 향해 도전하면서 인도를 받고 있지만, 앞으로 다혜를 인도해 가실 주님의 손길이 기대된다. 가장 젊고 예쁜 시간을 하나님께 헌신해보라는 도전 앞에 순종한 딸에게 감

사하지만 언젠가 그 도전에 대해 다혜가 주님께 크게 감사
할 것이다. 그 순종이 다혜의 인생 여정에 얼마나 큰 은혜와
축복의 시간이었는지를.

단기선교의 경험, 옥합을 깨트린 경험이 이제 언제 어디
서 무엇을 하든지 남은 삶을 선교적인 삶, 헌신의 기쁨으로
살아갈 수 있는 계기가 되게 만들었다고 확신한다. 이 책이
많은 청년에게 용기와 도전을 주는 작은 밀알이 되기를 바
란다.

아빠 반태효

엄마 이야기

　사랑하는 딸 다혜에게

　다혜야, 케냐를 다녀온 후에도 여러 가지를 준비하느라 너무 바쁜 우리 딸에게 오랜만에 편지를 쓴다.

　헌신과 결단으로 각오하고 떠난 길이었지만 많이 지치고 약해진 몸으로 돌아온 너를 보면서 엄마로서 너무 마음이 아팠단다. 십자가의 고난에 동참해야 그 부활의 영광도 함께 누릴 수 있음을 생각하면서 스스로를 위로했어.

　선교를 다녀와서 너에게 변화가 생겼다는 것을 너의 이야기, 생활하는 모습을 보면서 느끼게 되었어. 가난하고 소외된 사람들을 늘 생각하는 것, 우리는 아무렇지도 않게 마시는 물을 마시면서 진심으로 감사하면서 깨끗한 물이 없어서 고통받는 그들을 기억하며 마음 아파했지. 그 아픔이 너의 마음을 넓히고 더 깊은 애정과 관심으로 그 땅을 중보하는 사람으로 변화시킨 것을 보면서 하나님께 감사했단다.

　네가 누리는 혜택, 네가 배운 지식, 네가 가지게 될 소유들이 너만을 위해 쓰여서는 안된다는 것, 그것을 깨닫고 네가 있는 삶의 자리에서 조그마한 나눔이라도 실천하며 사는 삶, 그것이 바로 선교적인 삶이라고 생각해. 엄마는 너의 평생이 선교적인 삶이 되기를 간절히 기도하고 있어.

무엇보다도 성경적인 세계관과 가치관이 선교를 가기 전보다 훨씬 더 견고해지고 깊어졌음을 보면서 순종으로 내딛는 너의 발걸음에 하나님께서는 이미 큰 상급을 주셨다는 생각을 했어. 지극히 작은 소자에게 냉수 한 그릇 떠준 것도 절대 잊지 않으시는 주님께서 너를 위해서 예비해놓으신 축복이 얼마나 크고 풍성할지 기대가 된단다.

우리는 날마다 우리의 작은 수고에 대해서 "무익한 종입니다. 마땅히 할 바를 했을 뿐입니다"라고 고백해야 하지만 주님께서는 영혼들을 위해 했던 아주 작은 수고도 결코 헛되이 받지 않으시는 분이시란다. 네가 말했지. "하나님께서 저의 삶을 지금까지 은혜로 인도하신 것은 분명히 깨닫고 감사했지만 저의 삶에는 놀랄만한 기도 응답이나 기적이 없었어요. 저는 하나님의 기적을 경험하고 싶어요." 하나님께서 너의 삶에 기적을 예비해 놓으셨을 거야. 천지를 창조하신 분, 우리를 만드신 그분께는 그런 기적이 하나도 어렵지 않으셔. 그 기적이 너에게 필요하다면 기꺼이 너를 위해 기적을 베푸실 거야.

선교지의 삶을 뒤로하고 다시 돌아와서 넌 졸업논문을 쓰고 또 다른 과정으로 한 걸음 나아가기 위해 열심히 공부하며 또 우리에게 손 벌리고 싶지 않다고 아르바이트를 하면서 정말 바쁘게 살고 있는데 그 모습도 너무 고맙고 보기

좋단다.

　지금 여기서의 생활은 선교지에서처럼 역동적이지도 않고 의미가 있는 것 같지도 않아서 많이 답답하지? 뚜렷하게 보이는 것이 없고 더딘 것 같아도 또 이 시간을 묵묵히 성실하게 걷다 보면 네가 소원하던 결과를 반드시 볼 수 있으리라고 엄마는 믿어.

　힘내자 딸, 넌 할 수 있어~

　많이 사랑한다.

엄마 이국현

Chapter 3

그 땅의 사람들

Chapter 4

케냐 이야기

부모님이 보여주신 신실함과 순전함이 내 삶의 나침판이 되었다.
그 나침판을 따라 살다 보니 부모님 신앙의 자세가
내 삶의 거룩한 습관이 되었다.
이것이야말로 내가 부모님께 받은 최고의 유산이다.

Chapter 1
다혜 이야기

네 삶의 가장 예쁘고 소중한 시간을 온전히 하나님께 드려라

나는 하나님을 사랑하는 부모님 아래에서 자랄 수
있는 특권을 누렸다. 이 사실은 세상 어떤 부귀영화보다 값
진 참된 특권이다. 부모님은 하나님 앞에서 늘 한결같은 분
들이시다. 그 '한결같음'이 얼마나 어려운 일인지 나는 살면
서 철저히 체험하고 있다. 부모님은 정직하고 불의에 눈을
감지 않는 분들이시다. 지금껏 하나님을 위해 몸, 마음, 재
정, 가정, 건강 등 삶의 귀한 것들을 아끼지 않으셨다.

세상과 타협하지 않고 오직 하나님만을 경외하는 삶을
살아온 아버지, 매일을 무릎으로 하나님을 만나는 어머니는
하나님께서 "가라"면 가고 "멈추라"면 멈추는 삶을 살아오
셨다. 그리고 한결같은 부모님처럼 하늘 아버지 역시 한결
같은 축복으로 나와 우리 가족을 지켜주셨다. 이 시대 사람
들은 핏발 선 눈으로 "도대체 하나님이 어디 계시냐?"고 외
친다. 나는 하나님이 살아 계시다는 사실을 분명히 믿고 체
험하였다. 부모님을 통해 살아계셔서 응답하시는 하나님을

만났고, 이 세상이 줄 수 없는 진정으로 값지고 중요한 것이 무엇인지를 알게 되었다. 그분들의 삶을 통해 전능하신 하나님의 살아계심을 보게 되었기에 나는 이 세상에서 아버지와 어머니를 가장 존경하고 가장 사랑한다. 앞으로도 그럴 것이다.

1988년 한국에서 88서울올림픽이 열리던 해 아버지는 신학대학원생이셨는데 1년을 휴학하시고 한 선교단체에서 올림픽 때 한국을 방문하는 외국인들에 대한 전도를 위해 만든 '올림픽전도본부'를 자비량으로 섬기셨다. 아버지께서는 당신의 경험에 대해 내게 말해주면서 "다혜야, 네 삶의 가장 소중한 시간을 온전히 하나님께 드려보렴"이라고 말씀하셨다. 도박이다. 하지만 아버지의 마음에서 나오는 진정성과 진심을 느꼈다. 돌아보면 아버지는 그렇게 사셨다. 1년뿐 아니라 지금까지도 전 삶을 하나도 남김없이, 아깝지 않게 온전히 하나님께 드리고 계신다. 아버지는 확신하셨다. "하나님은 당신을 위해 헌신한 사람들을 절대로 잊지 않으신다. 하나님께서는 우리가 드리는 시간과 재물 같은 삶의 모든 부분을 절대로 낭비하도록 하지 않으신다. 그렇기에 하나님께 드리는 것은 결코 희생이 아니다. 오히려 그 드리는 시간이 인생에서 가장 복된 시간이다. 따라서 하나님께 드리는 것은 하나도 아깝지 않은 것이다."

아버지의 말씀과 삶은 내 인생의 좌표가 되었다. 때론 그 좌표를 벗어날 때도, 벗어나고 싶을 때도 있었지만 이내 곧 그 좌표로 되돌아왔다. 그것을 능가할 더 강력한 것이 없었기 때문이다. 하나님의 인도하심과 "네 삶의 가장 소중한 시간을 온전히 하나님께 드려라"는 아버지의 말이 20대의 청춘인 나로 하여금 가던 길 멈추고 아프리카의 케냐로 가게 했다. 돌이켜 보면 모든 것이 하나님이 섭리였다. 그 섭리는 은혜라는 단어로밖에 설명할 수 없다. 하나님 말씀에 대한 순종이 아버지의 삶을 완전히 바꾸어 놓았던 것처럼, 그 순종이 내 삶을 너무나 큰 은혜의 빗줄기 속으로 인도했다. 그 인도하심은 현재진행형이다.

"케냐에서 선교하게 해 주십시오. 만일 제가 가지 못하면 제 자녀라도 가게 해 주세요."

어머니는 처녀 때, 하나님께 평생을 드리겠다고 선교 헌신을 했다. 만일 당신이 가지 못하면 자녀라도 가게 해달라고 기도하셨다. 결혼 뒤 목회자 사모가 되어 비록 현장 선교사로 나가지는 못했지만 평생 보내는 선교사로서의 삶을 사셨다. 그럼에도 당신이 늘 선교 현장에 가지 못한 것이 마음에 남으셨다고 한다. 그렇기에 케냐는 나 혼자만의 선교지가 아니다. 어머니가 처녀 시절 마음에 품고 기도하며 준비했던 선교지 역시 바로 케냐였기 때문이다. 하나님은 기억하시는 분이시다. 어머니의 순전한 헌신의 약속을 기억하신 하나님은 세대를 넘어 나로 하여금 그 약속을 이루게 하셨다. 하나님은 참 멋진 분이시라는 생각이 마음속에서 떠나지를 않는다. 내가 케냐 단기 선교로 헌신을 결심하였다고 말씀드렸을 때 어머니는 눈물을 흘리셨다. 이제 와서 생각해보면 고마운 마음, 그동안 하나님께 죄송했던 마음, 그리고 놀라우신 하나님의 섭리를 복합적으로 설명하는 눈물이었던 것 같다. 결국 하나님께서는 엄마의 약속을 딸이 이룰 수 있도록 인도하셨다. 하나님을 향한 순전한 헌신의 약속은 결코 그대로 소멸되지 않는다! 하나님은 당신의 때에 당신의 영광을 위해 그 약속을 반드시 이루시는 신실한 분이시다. 기억하시는 분이시다.

나의 부모님이 보여주신 것은 엄청난 기적들이 아니었다. 그저 하나님을 향한 한결같은 신실함이었다. 어떤 경우에도 반복적으로 늘 하나님을 선택하신 순전한 의리였다. 그 신실함과 순전함이 내 삶의 나침판이 되었다. 그 나침판을 따라 살다 보니 부모님 신앙의 자세가 내 삶의 거룩한 습관이 되었다. 이것이야말로 내가 부모님께 받은 최고의 유산이다.

사람들이 나에게 묻곤 했다. 수없이 많이 들었다. "왜 케냐에 가느냐?"고. 좋은 회사와 안정적인 삶을 버리고 굳이 왜 케냐까지 가야 하는 것인지 질문했다. 그런 무모한 도박에서 과연 무엇이 남을 수 있겠냐고 말이다.

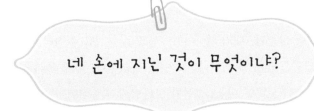

네 손에 지닌 것이 무엇이냐?

그러나 선교지에 가겠다고 결심한 것은 '모든 것을 포기하겠다'는 마음에서 나온 것이 아니다. 오히려 '하나님이 계신 곳이면 어디라도 괜찮다'는 자유함과 '내 영이 살아야겠다'는 간절함과 기대, 그리고 소망으로 시작되었다. 하나님에게 나의 가장 소중한 시간의 일부를 드릴 수 있었던 것은 나의 용기나 신앙의 깊이 때문이 아니었다. 그것은 오히려 부모님께서 보여주신 모범과 그분들이 젊은 시절 했던 약속을 기억하시고 받으신 하나님의 은총 덕분이었다.

이스라엘 민족들이 출애굽 하기 전, 하나님께서는 모세를 부르시며 "네 손에 든 것이 무엇이냐?"라고 물으셨다. 그때, 모세의 손에 들려 있던 것은 그의 직업을 나타내는 초라한 나무 지팡이뿐이었다. 그러나 하나님은 그것으로 홍해를 가르고, 척박한 광야에서 깨끗한 물을 공급하게 하셨다. 모세가 그저 들고 있었을 때에는 양들을 치는 나무 지팡이에 불과했지만 하나님이 함께 해 주셨을 때, 그 지팡이는 '하나님의 지팡이'가 되어 하나님의 능력을 보였다. 그럼으로

모세는 결국 이스라엘 백성의 지도자가 될 수 있었다.

하나님은 모세에게 한 똑같은 질문을 나에게도 하셨다. "다혜야, 네 손에 지닌 것이 무엇이냐?" 내 손에 지닌 것이 아무리 작고 미약하다 할지라도 그것을 온전히 하나님 아버지께 드렸을 때, 모세의 지팡이와 같이 상상할 수 없는 기적이 일어날 것을 믿는다. 내 손에 지닌 것은 부모님이 삶으로 보여주시고 남겨주신 '하나님의 유산(Godly Legacy)'이다. 그리고 젊음이다. 열정과 눈물이다. 별것 아닐 수도 있다. 그러나 그것을 하나님께 온전히 드렸을 때, 그때부터 하나님이 부족한 나를 통해 기이한 일들을 행하실 것을 믿었다.

주위를 돌아보면 많은 이들이 힘들어한다. 특별히 나와 같은 청춘들이 삶의 무게로 인해, 앞날의 소망이 보이지 않아 아파하고 있다. 감히 말해보지만 힘들고 아플지라도 내게 있는 작은 것들을 하나님께 바쳐보시라. 그때부터 인간적 계산으로 이해할 수 없는 기이한 일들이 일어날 것이다. 모세에게, 나에게 물으셨던 하나님이 지금 이 글을 읽는 모든 사람에게 물어보신다. "네 손에 든 것이 무엇이냐?"

나의 부모님은 가장 소중한 것을 주님께 바쳤다. 그럼으로 하나님이 함께 해주시는 소중한 삶을 살고 계시다. 목회자 가정인 우리 집 역시 특별히 가진 것이 없다. 우리가 지닌 지팡이는 초라하다. 그럼에도 늘 기쁘고, 소망 가득하다. 이유는 단 하나. 우리 손에 지닌 것을 하나님께 온전히 맡겼기 때문이다. 부모님이 당시 유일하게 드릴 수 있었던 '시간'을 드린 작은 순종을 하나님께서 보시고 큰 기적과 은혜로 응답해 주셨다.

내 삶을 인도하시고 보호해주신 하나님과 천국의 소망을 유산으로 남겨주신 부모님께 감사드린다. 지금까지 나를 지탱해준 수많은 사람들, 그리고 케냐의 영혼들에게 감사드리고 싶다. 생각해보니 곳곳에서 하나님이 보내주신 '천사'들을 만날 수 있었다. 그것이 내게 크나큰 축복이었다. 이제는 갚을 차례. 내 삶을 던져, 내 작은 재능을 바쳐 잃어버린 영혼을 살리는데 진력하는 것이야말로 생명을 주신 하나님, 위대한 하늘의 유산을 전해주신 부모, 진정한 사랑을 보여준 수많은 사람에게 보답하는 길일 것이다.

네가 선 곳은 거룩한 곳이다

　　나는 일찍부터 유학 생활을 해야 했다. 초등학교 4학년 1학기를 마치고 미국의 교회로 파송된 부모님과 함께 캘리포니아로 갔다. 감수성이 가장 민감한 시기에 미국에서 생활한 뒤, 고등학교 1학년이 되어서야 한국에 돌아왔다. 국제학교에 다니며 한국을 다시 익혔다. 미국에서도 외국인이었지만, 한국에서도 다시 유학생이 된 것 같았다. 실제로 그랬다. 나는 유학생으로 살아남는 법을 배워야 했다. 유학생들의 문화는 한국 학생들, 또는 미국 학생들의 문화와도 많이 다르다. 그들만이 지니고 있는 독특함이 있다. 무엇보다 물질과 외모가 그들의 가치를 정하는데 큰 비중을 차지한다. 이쪽도, 저쪽도 아닌 어중간한 삶을 살게 될 위험성이 너무나 컸다.

　　마음속에 분명 예수님을 붙들고 있었지만 물질적인 환경의 지배에서 완전하게 벗어나기란 결코 쉽지 않았다. 고등학교를 졸업하고 나는 다시 미국으로 건너갔다. 뉴욕의 대학에 진학하자 세속의 영향력은 더욱 커져갔다. 부와 외적

동생 호민의 대학 입학식날(아버지, 호민, 엄마와 함께)

아름다움으로 자신의 정체성을 삼으려는 세계인들이 저마다 경쟁하고 있는 뉴욕에서 살아남기 위해 나 역시 그 같은 세속적 가치관으로 무장해야 할 것 같았다. 세상의 끌어당김과 하늘의 끌어당김이 교차했던 시절이었다. 어려서부터 공연 기획이 꿈이었기에 선택한 뉴욕의 대학에서 나는 많은 것을 배웠지만 그만큼 많은 것을 고민해야 했다. 대학을 졸업하고 한국으로 돌아와서도 동일한 고민들로 일상을 채워나가곤 했다. 글로 쓰기에는 참 짧은 기간 같지만 한국과 미국, 다시 미국과 한국, 그리고 또다시 한국으로 오가는 과정은 길었고 그 속에 수많은 나만의 이야기가 있다. 한국에 돌아와 직장에 다니면서도 나는 거룩함과 세속이라는 두 거대한 틈바구니에서 살아야 했다. 그리고 그 싸움에서 늘 승리했다고 장담할 수 없는 모습들에 실망하고 또 일어서기를 반복하였다.

특별히 온실 같았던 교회와 부모님의 울타리를 떠나 세

상에 홀로서기를 시작하였을 때 나는 나의 한계를 느낄 수 있었다. 케냐로 떠나기 전에 다니던 뮤지컬 기획사에서 나는 눈에 띄는 사람이었다. 불교와 유교적 문화, 엔터테인먼트 업계의 남다른 분위기가 어우러진 직장에서 기독교인의 정체성을 지키기 위해 매일 치열하게 싸우며 생활해야 했기 때문이다.

처음 면접 자리에서 회사 대표가 했던 말이 여전히 기억에 남는다. "당신, 신실한 기독교인이라며? 그럼 여기 오면 안 되지. 이곳에 크리스천의 자리는 없어." 공연기획은 어릴 때부터 변함없는 꿈이었고 다른 일은 생각해본 적이 없었다. 그런 내게 대표의 그 말은 절망과 허탈감, 그리고 설명할 수 없는 분노를 가져다줬다. '크리스천이라면 뮤지컬 기획사에 일할 수 없단 말인가?' 난 대표의 말을 이해할 수도, 동의할 수도 없었다. 반항하는 마음도 있던 것 같다. 보여주고자 하는 마음도 컸다. 크리스천의 정체성을 지니면서 그 회사에서 멋지게 서고 싶었다.

그러나 현실은 냉혹했다. 대표가 던진 날카로운 말이 지닌 현실의 무게를 실감하기까지는 그리 오랜 시간이 걸리지 않았다. 공연계와 회사의 시스템은 나를 끊임없이 하나님으로부터 멀리 떨어뜨려 놓으려 하는 것 같았다. 마치 '애굽의 시스템' 속에서 허우적거리는 것 같았다. 주 6일 근무를 해야 하는 벅찬 스케줄로 인해 교회에서 사역하기가 어려웠다. 아니, 사역은 고사하고 당직제로 돌아가는 공연 일정으로 주일 예배를 드리기조차 매우 어려웠다. 공연을 올릴 때마다 제사상 앞 돼지머리에 절하며 고사를 드리는 회사 문화를 피하기 어려웠다. 그런 고사 자리에 크리스천이건 아니건 모두가 참여해야 하는 것이 당연시된 문화 속에서 내 믿음이 설 자리는 없어 보였다.

나는 점점 의도적인 외톨이가 되어갔다. 내가 견지하던 '기독교 신념'을 지켜내기 위해서는 스스로 섬이 되어야 한다고 다짐했다. 거친 세속화의 물결 속에서 섞이지 않기 위해서는 세상과 구별되어야 한다고 생각했던 것이다. 회사 생활이 힘들고 외로웠지만 '섞이지 않는 삶을 살겠다'는 결심이 그 어려움과 외로움을 견디게 했다.

그런데 어느 날, 한 상사분이 조용히 나를 불러 말씀하셨다. 그분은 계속 나를 지켜보셨던 것 같다. "다혜씨, 다혜씨의 행동이 다른 기독교인들에게 본의 아닌 민폐를 끼치고 있지는 않은지 한번 생각해보세요."

그 말을 바로 이해하기 힘들었다. '다른 기독교인들에게 민폐를 끼친다?' 그러나 한 번 더 생각해보니 맞는 말인 것도 같았다. 기독교의 본질은 사랑이다. 그리고 주의 영이 있는 곳에는 자유함이 있다. 나는 거친 세상에서 내 믿음을 지킨다고 섬과 같이 고립된 자세를 취했다. 그럼으로써 내 안에 자유함은 사라졌고, 회사 선후배들은 크리스천인 내게서 사랑과 여유로움을 찾아볼 수 없게 됐다. 내 행동으로 인해 사람들이 기독교인들에 대한 선입견을 지니게 될 수 있었다. 결국 다른 기독교인들에게 민폐를 끼치게 된 셈이다.

매일 기독교적 신념에 대립하는 회사생활을 하는 것이 점점 더 고통스러워졌고 그리스도인으로 정체성을 지킬 수 없겠다는 생각에 마음이 더 강퍅해져 갔다. 회사 생활이 힘들어질수록 과감히 '애굽의 시스템'을 박차고 떠나고 싶었다. 기독교 신념과 배치되지 않은 곳, 일상에서 내 믿음을 마음껏 펼칠 수 있는 곳으로 가고 싶었다. 회사 생활을 하는 것보다 미지의 선교지에 가는 것이 오히려 덜 두렵게 여겨졌다. 모순적일 수는 있으나 어쩌면 세상을 향한 반항감으로 선교에 대한 눈을 열게 되었던 것이다.

결국 대학 졸업 후 3년 만에 회사 생활을 그만뒀다. 사람들은 "좋은 직장 내려놓고 그 험한 선교지로 떠난다니 정말 대단하다"고 말했지만 내 마음을 그렇지 않았다. '그 험한 선교지'는 아프리카가 아니라 바로 직장이었을 수 있겠다는 생각이 들었다. 그 선교지에서 버티지 못하고 실패했다는 생각이 나를 괴롭게 했다. '생명을 구원하기 위해 선교지로 떠난다지만 정작 내가 서 있던 현장의 사람들을 잃었구나'라는 자책감이 들었다. 1년 3개월 정도 선교지에서 생활하면서, 그리고 다시 한국에 돌아와서도 그 생각은 떠나지 않았다. 내가 버린 것은 무엇이고, 얻은 것은 무엇인지를 생각해보았다. '내 신념을, 내 종교를 지키겠다고 나는 무엇을 버렸는가?'

나는 회사를 다니면서 신념을 지키기 위해 단절된 삶을

선택했다. 그러면서 영적 우월감 속에서 섞인 가운데 살아가는 그들을 판단, 비판했는지 모른다. 결국 내가 깨달은 것은 '난 그들을 사랑하지 않았다'는 사실이었다. 나는 '사랑하기 위해' 선교지에 갔다. 그런데 정작 내가 서 있던 자리의 사람들은 사랑하지 않았다. 옆에 있는 사람들을 사랑하지 못한 사람이 먼 곳의 사람들을 사랑하기 위해서 떠난 것이다. 이것이야말로 아이러니가 아닌가.

자꾸 질문을 하게 된다. '만일 그때 내가 그들과 진심으로 함께했다면 어떻게 됐을까? 기독교인의 정체성을 포기하지 않고도 함께 할 수 있는 방법은 정말 없었을까? 하나님께서는 과연 내가 움켜쥐고 지키려 했던 그 신념들을 그 사람들의 영혼보다 더 중요하게 여기셨을까?' 그럼에도 그 같은 모든 실패를 통해서 나로 하여금 뭔가 배우게 만드시는 하나님을 찬양한다. 나는 직장에서도, 선교지에서도 배웠다.

그리고 정말 나는 배우고 있습니다.
타인의 마음을 상하게 하지 않는다는 것과
나의 믿을 바를 위해 내 입장을 분명히 한다는 것,
이 두 가지 일을 엄격하게 구분하는 것이
얼마나 어렵다는 것을 나는 배우고 있습니다.

샤를 드 푸코, '나는 배우고 있습니다' 중에서

나는 무엇을 배웠을까? 그것은 사랑이다. 사랑이야말로

우리의 제일 소명이며, 세상은 그 사랑을 펼칠 넓은 운동장이라는 사실을.

나의 선교는 케냐가 아니라 돼지머리를 놓고 고사를 지내야 했던 회사에서부터 시작되었던 것이다. 나는 그 사실을 너무 늦게 배웠다. '선교지'라는 이름이 붙지 않은 곳이 더욱 중요한 선교지가 될 수 있다는 것을, 하나님을 경배하는 회사가 아닐지라도 그곳에 '하나님의 나라'가 없는 것은 아니라는 것을, 이 세상 어디에도 하나님이 필요하지 않은 곳은 없다는 사실을. 그것을 너무 늦게 알았다. 비록 늦었지만 그것도 역시 하나님의 은혜다. 나는 여전히 젊고, 여전히 배우고 있다.

하나님은 우리에게 "내가 거룩하니 너희도 거룩하라"(벧전 1:15)고 말씀하셨다. 이것이 단순히 선교지나 크리스천의 분위기가 물씬 나는 장소, 종교적인 시간에만 국한되는 것은 아닐 것이다. "너희도 거룩하라"는 말은 삶의 모든 자리를 하나님의 임재로 가득 차게 하며 그분의 성품을 닮아 사랑을 실천하라는 명령임에 분명하다. 하나님은 모세에게 "네가 선 곳은 거룩한 곳이다"라고 말하셨다. 그런데 모세가 생각하기에 자신이 밟은 그 땅은 전혀 특별한 곳이 아닌 지극히 평범한 장소였다. 그럼에도 하나님은 그 땅을 '거룩한 곳'이라고 불렀다. 하나님이 함께 하실 때에 내 손에 든 것이 위대한 하나님의 도구가 될 수 있듯, 일상의 모든 곳은 거룩한 성소(聖所)가 될 수 있다. 크리스천들은 세속이라는 바다에 떠 있는 거룩한 섬을 건설하기 위해 이 땅에 오지 않았다. 물론 우리는 이 땅에 살면서도 영원한 본향을 갈망하며 거룩을 이뤄가야 한다. 그러나 거기에 그쳐서는 안 된다. 우리의 일상에서 하나님의 임재를, 거룩함을 발견하며 이뤄나가야 한다.

이것이 내가 회사를 나오고 선교지에 가서 배운 사실이다. 이제 나는 지금 있는 자리가 아무리 망가진 형태처럼 보일지라도, '우리가 만들어가야 하는 사회와 세계는 바로 이곳이라는 것을 잊지 말자'고 다짐하고 있다. 규칙과 형식에서 벗어나 삶으로 복음을 녹여내기를 소망한다. '하나님 나라가 이 땅에 임하는 소망'으로 나는 다시금 내 삶을 리셋(Reset)하고 있다. 케냐에서의 시간이 내겐 인생의 리셋 기간이었다. 그 리셋 기간 동안 나는 내 삶의 모든 것들을 되돌아보았다. 하나님과 사람들과의 관계를 다시 점검했다. 가장 중요한 것은 하나님과의 관계였다. 하나님과 온전한 관계를 유지할 때에 나는 아골 골짜기와 빈들에서도 기쁘게 크리스천으로서의 정체성을 지니며 생활할 수 있다. 그러나 그 관계가 삐거덕거릴 때에는 아무리 성스러운 교회에 머무르더라도 영적인 불만족을 느끼며 살 수 있다. 하나님을 사랑하고 그분이 내 안에 거할 때에 나는 어느 곳에서도 그분의 빛을 발하는 등대가 되어 생명을 구원할 수 있다.

이 배움과 깨달음은 나만의 것이 아니라 이 세속화의 시대를 살고 있는 우리 모두의 것이라고 믿는다.

선교, 기쁨의 폭발

아버지가 사역하는 방주교회는 '2030 Missionary 300'이라는 슬로건을 내걸며 선교사역에 집중하고 있다. 선교는 하나님의 꿈이다. 이 땅의 잃어버린 영혼들이 모두 당신에게 돌아오기를 바라는 아버지의 마음이 그대로 담겨 있다. 방주교회도 하늘 아버지의 꿈을 이뤄 드리기 위해 '2030 Missionary 300'이라는 비전을 새웠다. 2030년까지 300명의 선교사를 파송하고 후원한다는 뜻이다. 또한 20대와 30대의 젊은이 300명을 선교사로 파송한다는 뜻이기도 하다.

하지만 선교라는 단어는 나에게 너무나 무겁고 외계어 같이 멀리 있는 개념이었다. 가까이에 목회자 아버지, 그리고 선교사로 평생을 헌신한 어머니, 그리고 교회에서 자라며 수많은 목사님들 선교사님들이 주위에 계셨지만 그럼에도 내가 직접 선교사로 나가야 한다는 생각은 단 한 번도 하지 못했다. 이 시대를 살아가는 대부분의 젊은 세대 역시 선교라는 단어에 부담감을 느끼는 이유가 여기에

있는 것이 아닐까? 바로 선교가 동떨어져 있는 단어라고
생각되기 때문다.

직장 속에서 하나님을 선택하든지 떠나든지, 극과 극의
선택에서 나는 하나님을 선택하기로 결정했다. 그리고 내
가 있어야 한다고 생각했던 이 자리를 떠났을 때 과연 '나를
향한 하나님의 뜻은 어디에 있을까? 나는 이 세상에서 무엇
을 해야 하는가?'라는 본질적 질문을 했다.

마음 깊은 곳에서 올라오는, 뭐라고 설명하기 힘든 갈망이 있었다. 처음에는 그 갈망이 무엇인지 확인하기 어려웠지만 점차 선명해지는 것이 있었다. 바로 '위대함'에 대한 갈망이었다. "하나님으로부터 위대한 일을 기대하라. 하나님을 위하여 위대한 일을 시도하라"는 윌리엄 캐리 선교사의 말과 같이 가슴 뛰는 삶을 살고 싶었다. 위대한 일을 기대하며 실제로 위대한 일을 시도하고자 하는 열망이 꿈틀댔다. 세상의 중력을 거슬러보고 싶었다.

그러면서 교회에 주어진 사명인 '2030 Missionary 300'에 대해서 깊이 생각했다. 나는 그것을 교회의 사명으로만 생각했지, 내 사명으로 전환하지는 않았었다.

돌아보았을 때 '2030 Missionary 300'에 동참하게 되어 감사했다.

선교지로 가겠다고 결정했지만 어디로 갈 것인지는 전혀 생각하지 않았다. 그러던 차에 케냐의 선교사님 내외분으로부터 연락이 왔다. 자신이 케냐에 설립한 학교에 와서 아프리카 학생들에게 영어와 뮤지컬을 가르치면 좋겠다는 제안이었다.

아프리카가 두렵다기보다는 선생님이라는 직책에서 오는 엄청난 책임감이 나를 두렵게 했다.

다른 영혼을, 그것도 자라나는 영혼들에게 영향력을 끼치는 자리에 내가 과연 서도 될지 확신이 서지 않았던 것이다.

그렇게 선교에 대해 깊은 고민에 빠져있던 차 한동교육

대학원에 수업을 들으러 가 있던 어느 날이었다. 고민에 빠져있는 나에게, 나의 한계를 세고 있던 내게 하나님의 미세한 음성이 들렸다,

"은총을 많이 받은 사람, 다혜야."

다니엘을 부르시던 하나님께서 나의 이름을 너무 다정하게 불러오셨기에 그 음성을 듣는 순간 알 수 있었다,

"아프리카로 갈게요."

할 수 있는 것이 아무것도 없을 수 있으나, 도움이 되지 않을 수 있으나 지금껏 내가 받은 은혜를 나눌 수 있는 간증의 시간이 되기를 소망하면서.

윌리엄 캐리 선교사는 영국의 노샘프턴 침례교 연합모임에서 이사야 54장 2~3절을 본문으로 설교하면서 "하나님으로부터 위대한 일을 기대하라. 하나님을 위하여 위대한 일을 시도하라"고 외쳤다. 나는 비록 인간적으로 연약한 존재지만 단 한 가지 새로운 비전을 마음에 품었다. "하나님 나라!"

하나님 나라가 나의 비전이자 꿈이자 소망이 되니 시간과 공간 그리고 장소 등 중요한 것이 없어졌다. 나의 한계조차도 더는 짐처럼 느껴지지 않았다. 하나님 나라가 이 땅에 임하기를, 그 한 가지 소원을 가지고 나는 마침내 평강을 찾았다.

선교를 가겠다고 작정한 이후부터 거짓말처럼 일사천리로 일이 진행됐다. 주께서 예정하신 일이었기 때문일 것이

다. 교우들을 비롯해 많은 사람이 나를 위한 중보 기도를 시작했다. 선교비도 정말 정확한 액수로 모금됐다. '애굽의 시스템' 속에서는 물질을 위해 아등바등하며 일해도 이뤄질 수 없는 일들이 일단 '하나님 나라의 시스템' 속에 들어오자 거짓말처럼 풀려졌다.

20세기 탁월한 기독교 사상가이자 선교사였던 레슬리 뉴비긴이 "선교란 '선교 명령'(the missionary mandate)에 대한 순종이 아니라 '기쁨의 폭발'이다"라고 말한 것이 실감되었다. 나는 이 같은 '기쁨의 폭발'이 한국 교회에 다시 한번 넘쳐나기를 소망하며 기도한다. 한국 교회는 선교하는 교회, 그래서 기쁨이 폭발하는 교회였다. 교회에 들어서는 자들마다 잃었던 기쁨을 회복했고, 그 기쁨을 나누기 위해 전 세계의 잃어버린 영혼들을 향해 나갔다. 우리 한국 교회를 보시며 기쁨을 이기지 못하신 하늘 아버지가 한국 교회에 넘치는 축복을 허락하셨다. 이제 다시 그 기쁨을 회복하기를 간절히 바란다. 다시 수많은 한국의 청년들이 주의 심장 가지고 열방을 향해 나가기를 기도한다.

하나님 앞에 가져갈 것이 무엇인가?

아프리카로 가는 날이 다가왔다. 이제 마음을 다잡고 케냐로 떠나기 위해 가방에 서서히 짐을 챙기기 시작할 때, 뭔가 이상하다는 것을 느꼈다. 챙긴다고 챙겼는데도 큰 짐 가방이 텅 비어있는 모습을 보았다. 수건, 양말, 화장품, 옷걸이, 책 등은 문제가 없었다. 그러나 옷을 챙기려니 무언가 큰 돌덩이가 누르는 것 같이 마음이 먹먹해졌다. 이 옷은 좋은 옷이라서 가져가면 안 되겠고, 저 옷은 걸어 다니기 불편해서 안 되겠고, 이 신발은 흙이 묻으면 안 되니까 못 가져가겠고, 이것은 드라이해야 해서 가져갈 수 없고…. 그러면서 이것저것 하나씩 빼놓다 보니 옷장에 있는 것 가운데 선교지로 가져갈 수 있는 것이라고는 바람막이 점퍼, 몇 장의 티셔츠, 추리닝 바지 한 벌 정도였다.

내가 평소에 자연스럽게 쓰던 것 중에서 선교지로 가져갈 수 있는 것은 거의 없었다. 그때, 내 삶의 맨 얼굴을 들여다볼 수 있었다. 그동안 무엇을 위해, 어디에 관심을 두며 살아왔는지가 너무나 명확하게 보였다. 하나님 앞에서 한

없이 초라하고 작아질 수밖에 없었다. 나름 부족함 없이 다 가졌다고 생각했지만 정작 하나님 앞에 서 있는 나는 아무 것도 없는 사람이었기 때문이다. '아, 언젠가 하나님께 영원히 갈 때도 이렇지 않을까? 내 인생 여정 끝내어 과연 하나님 앞에 무엇을 가져갈 수 있을까? 지금 내가 지극히 중요하게 생각한 것들이 하나님 앞에 설 때, 무슨 가치를 내게 더 해줄 수 있을까?'

선교지에 가져갈 가방을 싸면서 나는 조금씩 깨달아 갔다. 이 세상은 궁극적인 '내 집'이 아니라는 사실을, 그리고 하나님의 청지기로 살아가는 삶의 가치는 이 세상이 중요하게 여기는 가치와는 많이 다르다는 사실을 말이다. 그럼 내게 영원히 남는 것, 그날에 하나님 앞에 가져갈 것은 무엇인가? 하나님의 말씀, 그 말씀에 순종한 삶, 그리고 생명을 던져 생명을 살렸던 것…. 이 세상이 추구하는 재물과 명예, 업적은 그날, 한낱 소멸될 종잇조각에 지나지 않을 것이다.

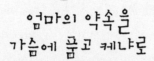

엄마의 약속을
가슴에 품고 케냐로

 드디어 2017년 4월 17일 나는 아프리카 케냐의 수
도 나이로비에 도착했다. 인천공항에서 나이로비 조모케냐
타 국제공항까지 19시간여 걸려 도착했다.
 비행기에서 줄곧 생각한 것은 '하나님과의 약속'이었다.
엄마는 고등학생 시절에 평생 선교사로서, 선교사의 마음
으로 살겠다고 '약속'하셨다. 하나님과의 약속은 결코 땅에
떨어지지 않는다. 1980년에 선교 헌신한 엄마의 약속은 37
년이 지나 딸을 통해 이뤄졌다. 더구나 엄마가 마음에 품은
'약속의 땅'은 바로 내가 곧 내릴 케냐였다. 하나님과의 약속
은 세대에서 세대를 걸쳐 이뤄진다. 그 과정에서 우여곡절
은 많지만 결국 하나님의 뜻은 실현된다. 우리 가정에 임한
이 놀라운 기적의 이야기는 앞으로도 계속되리라 믿는다.
하나님은 끝까지 당신의 사람들을 추적하신다. 그리고 결
국 그 사람들을 통해 당신의 일을 이루시고야 만다. 그러니
절대로 조급해할 필요가 없다. 오직 하나님의 뜻만을 구하
며 나가면 된다. 나는 그런 마음으로 케냐행 비행기를 탔다.

엄마는 떠나기 전날, 내게 편지를 써 주셨다. 비행 내내 엄마의 편지를 읽고, 또 읽으며 하나님의 섭리, 부모님의 다함이 없는 사랑을 생각했다. 다음은 엄마의 편지다.

사랑하는 딸, 다혜에게.

다혜야! 드디어 내일이면 네가 아프리카로 간다고 생각하니 엄마는 여러 가지 생각에 잠을 뒤척이게 되는구나.

1980년 빌리 그레이엄 목사님을 주강사로 여의도 광장에서 '나는 찾았네'라는 엄청난 부흥회가 열렸었단다. 그때 엄마는 고등학교 2학년이었어. 약간은 무모하리만큼 하나님을 사랑했던 엄마는 그 집회에서 하나님께 한 가지 약속을 했었단다. "하나님, 하나님께서 원하신다면 선교사로 가겠습니다. 만약 제가 못 가면 제 자녀라도 보내겠습니다. 만약 제 자녀도 못 가면 평생 선교 헌금을 하겠습니다." 그 꿈을 계속 키워가던 엄마는 대학교 때 다시 한번 진지하게 선교에 대한 기도를 하면서 아프리카, 특히 케냐에 대한 소원을 가지고 아프리카 선교중보기도모임을 나가게 되었어. 그 모임에서 아빠를 만나고 결혼을 하게 되면서 선교는 아픈 손가락처럼 늘 엄마의 마음 안에 있었단다.

너를 갖게 된 그날의 기억이 생생하구나. 결혼하고 일 년이 지난 어느 날 누가복음 1장을 큐티하던 중이었어.

"천사가 그에게 이르되 사가랴여 무서워하지 말라 너의 간구함이 들린지라 네 아내 엘리사벳이 네게 아들을 낳아주리니 그 이름을 요한이라 하라 너도 기뻐하고 즐거워할 것이요 많은 사람도 그의 태어남을 기뻐하리니 이는 그가 주 앞에 큰 자가 되며 포도주나 독한 술을 마시지 아니하며 모태로부터 성령의 충만함을 받아 이스라엘 자손을 주 곧 그들의 하나님께로 많이 돌아오게 하겠음이라." (눅 1:13~16)

말씀을 묵상하는 중에 하나님께서 조용히 이렇게 말씀하시는 것 같았어. "너도 아기를 갖게 될 거야." 엄마는 깜짝 놀랐어. 그리고는 아빠한테 큰 소리를 쳤지 "하나님이 아기를 주신다는 데 분명히 아들일 거예요, 세례 요한 같은."

그래서 우리는 아들 이름을 지어놓고 매일 이 말씀을 가지고 너를 맞이할 준비를 했단다. "하나님, 이 아이가 세례 요한같이 주님 앞에 큰 자가 되게 해주세요. 모태로부터 성령의 충만함을 받게 해주세요. 많은 영혼을 하나님께로 돌아오게 하는 사람이 되게 해주세요."

그리고 그날이 와서, 드디어 너를 만났는데 아들이 아니라 예쁜 딸이었던 거야. 엄마 아빠는 당황해서 부랴부랴 너의 이름을 짓느라고 고민을 많이 했단다.

네가 태어난 1991년은 인신매매가 심하던 아주 무서운 때였단다. 그래서 아빠는 네가 은혜를 입어야만 이 험한 세상을 살아낼 수 있다고 생각하셨고 은혜도 그냥 은혜가 아니라 은혜

입교식에서 어머니와 함께

위에 은혜를 입어야 한다고 '다혜'(多惠)라는 이름을 너에게 선 물했단다. 하나님께서 정말 신실하게 은혜로 너의 인생을 인도 하셨지.

하나님 앞에 선교를 꿈꾸고 기도한 지 37년이 지난 지금 내가 가려고 했던 바로 그 땅 케냐로 선교를 하기 위해 짐을 꾸리는 너의 모습을 보면서 엄마는 약속을 기억하시고 세대를 이어서 그 약속을 이루시는 하나님의 열심 앞에 경이로움을 느끼고 있어. 엄 마가 때로 그 약속을 잊었을지라도 하나님은 절대 잊지 않으셨던 거야.

"하나님, 다혜를 성령 충만케 하시고 하나님께서 제게 헌신과 열정을 주셨던 그 땅에서 딸을 통해 많은 영혼이 주께 돌아오게 해주십시오"

엄마가 밟고 섬기고자 했던 그 땅을 가는 다혜야!

너의 이름처럼 너의 선교 여정에 크신 은총이, 은혜 위에 은혜가 넘치기를, 그 땅에서도 쉬지 않고 일하시는 하나님을 경험하고 오기를 소망한다. 무엇보다도 '하나님의 나라'가 평생 네가 달려가야 할 비전이 되었으면 좋겠다. 그 하나님 나라를 케냐의 한 작은 마을에서 꿈꾸며 누리고 오려무나. 마치 작은 창문을 통해서도 크고 넓은 하늘을 볼 수 있듯이 비록 네가 가는 곳은 제한되어있고 네가 만나는 그 땅의 사람들이 많지 않을지라도 거기서 광대하고 영광스러운 하나님을 더 친밀하게 만나고 돌아오려무나.

다시 만날 때에는 또 훌쩍 성장하고 성숙해 있을 우리 다혜를 기대한다.

너의 평생이 세례 요한처럼 이 땅에서 다시 오실 예수님의 길을 예비하는 소리가 되기를 기도해.

사랑하는 딸, 몸 건강하게 잘 다녀와. 엄마가 너를 얼마나 자랑스러워하는지 알지?

2017년 4월 16일
엄마가

엄마의 편지를 가슴에 품고 난 케냐에 도착했다. 37년 만에 모녀가 함께 이룬 약속의 성취였다.

그로부터 2018년 7월 20일 귀국할 때까지 1년 3개월여 동안이라는 시간은 내 인생의 가장 빛나는 순간들이었다. 그 땅에서 많은 사람을 만났다. 아프리카의 미래를 짊어지고 나갈 다음 세대들은 이제 내 마음의 보석과도 같다. 선교지에서 나는 혼자가 아니었다. 방주교회의 수많은 '보내는 선교사님들'이 나와 함께 하셨다. 그들의 기도가 있었기에 나는 언제나 안전했고, 행복했다. 그들에게 케냐에서의 일상과 사람들, 생각들을 '선교 편지'란 이름으로 보냈다. 때론 울고, 웃고, 아파해하고, 슬퍼했던 이야기들이 거기 담겨 있었다. 방주교회 성도님들은 그 선교 편지를 읽으며 나와 함께 울고, 웃고, 아파해하고, 슬퍼했다. 그들 모두가 나와 함께 케냐에 있었다. 누구보다 하나님이 나와 함께 계셨다. 그래서 이 이야기는 전적으로 하나님의 이야기다. 바라기는 이 이야기를 읽는 독자분들께서 그 땅과 그 땅의 사람들을 사랑하시기를…. 주님이 사랑하신 그 사람들을 마음에 품기를…. 내겐 너무나 소중한 글들을 이 책에 담았다.

"함께 주님을 바라보고 걸어가는
동료들을 보게 해주실 거야.
그러니 포기하지 말고 계속 걸어가렴.
걱정하지도 뒤돌아보지도 말고."

Chapter 2
잃어버려야
얻을 수 있는 것들

굿모닝 미스 그레이스 (Miss Grace)!

"Hi Miss Grace!" (안녕하세요, 미스 그레이스!)

한 학생이 신나게 웃으면서 학교 반대편 끝에서 인사하는 목소리가 들립니다.

"Miss Grace! Look at my new hair!" (미스 그레이스! 제 머리 좀 보세요!)

다른 학생이 자랑하듯 뛰어오며 새로 땋은 머리 스타일을 보여줍니다.

"Good Morning Miss Grace!" (좋은 아침이에요 미스 그레이스!)

하루에 수도 없이 불리는 저의 새로운 이름입니다. '미스 그레이스(Miss Grace)!' 케냐에 와서 새롭게 생긴, 아직 낯설고 어설픈 저의 자아이자 새로운 이름입니다. 저는 케냐 나이로비에 있는 학교에서 초등학교 4학년 학생들을 가르치게 되었습니다. 학생 숫자가 21명이나 되는 학교에서 가장 큰 반입니다. 처음에 교실에서 학생들을 만났을 때 느꼈던 두려움과 벅찬 설렘을 아직도 잊을 수 없습니다.

"아무도 없는 교실에는 때 묻고 찌그러진 조그만 책상들이 60여 개 나란히, 꼭 아이들이 귀엽게 나를 쳐다보는 것 같다. 내일 아침이면 또다시, 온갖 희망과 걱정과 슬픔을 안고 67명의 어린 생명들은 이 교실을 찾아올 것이다. 교사라는 내 위치가 새삼 두려워진다"라고 말했던 이오덕 선생님(교육자이자 아동 문학가)의 고백처럼, 아이들의 삶에 영향을 끼칠 수 있는 선생님이란 위치는 엄청난 책임감이자 거룩한 부담감을 주는 자리입니다. 저는 그런 부담감을 가지는 것이 건강하고 바르다고 생각했습니다. 그래서 일주일 전, 사흘 전, 이틀 전, 하루 전까지 계속 반복해서 연습하며 시간을 들여서 수업을 준비했습니다. 어떻게 하면 아이들이 잘 배울 수 있을까 연구하며 시간을 쏟았던 것입니다.

그런데 아이들과 지낸지 벌써 한 달 반이 지난 지금은, 하루 전날 겨우겨우 수업준비를 하고 있습니다. 능숙해진 것인지, 익숙해진 것인지, 방심하는 것인지, 게을러진 것인지…. 처음 느꼈던 책임감에서 멀어지고, 행정 등 각종 업무들에 치이면서 수업준비에 집중하지 못하는 모습에 깊은 안타까움과 슬픔, 그리고 탄식이 나옵니다. 하나님께서는, 부르신 자리에 충실하지 못한 제 자신을 보게 하시고 회개하게 하십니다. 어느새 사랑으로, 웃음으로 학생들을 맞이하고 대화하고 수업에 임하던 저의 마음에 아이들의 밝은 목소리 외에 다른 소리들이 더 많이 귀에 들어오게 되었습니다.

"Miss Grace, I didn't bring my homework." (미스 그레

이스, 숙제를 가져오지 않았어요.)

"Miss Grace, I don't have a pencil." (미스 그레이스, 연필이 없어요.)

"Miss Grace! can I go to the washroom?" (미스 그레이스, 화장실 가도 돼요?)

"Miss Grace, why do we have to do this?" (미스 그레이스, 이걸 왜 해야 해요?)

불평, 불만, 실수, 변명…. 반복되는 소리에 어느새 저는 딱딱한 표정으로 아이들을 향해 잔뜩 방어 태세를 취하면서, 대답 역시 어느새 단답형으로 바뀌고 있었습니다.

"No." (안 돼.)

"Do your work." (공부해.)

"I don't care." (상관없어.)

"Please be quiet." (조용히 해.)

처음에 한없이 친근한 친구처럼 다가갔던 제게 아이들이 보여준 태도들이, 저로 하여금 작은 것에도 화를 내고, 아이들과의 관계에도 엄격한 선을 그어야 한다고 느끼게 했습니다. 아이들이 저를 '만만하게' 생각하지 못하게 하려고 더 무섭고 차갑게 대하게 됩니다. 그럴 때마다 마음이 아팠습니다. 아직 '미스 그레이스(Miss Grace)'는 저에게 너무나 새로운 정체성입니다. 그래서 실수를 참 많이 합니다.

그런데 놀라운 일은, 저를 차갑고 무섭게 만들었던 그 똑같은 아이들이 돌아서서는 금방 다시 웃으며 제게 안겨 온다는 사실입니다. 마치 그들에게 화냈던 것, 무조건 의심하고 안 된다고 무섭게 이야기하고 혼냈던 일들을 다 잊고 용서했다는 듯이 다가옵니다. 저를 참아주고 다시 믿어주고 또다시 웃어줍니다. 미안하고 사랑스럽고 저를 한없이 겸손하게 만드는 학생들은, 저를 성숙하게 하는 21명의 어린 선생님이기도 합니다. 오늘 하루 제가 실수하고 부족해서 그들에게 상처를 줄지라도 내일 아침 다시 웃으며 맞아줄 한 명 한 명의 목소리를 기대하고 기다립니다. 저를 화나게 하고 도전하고, 울고 웃게 하는 학생들의 목소리를 말입니다. 미스 그레이스(Miss Grace)! 제가 아직 준비되지 않았더라도 그들에게 저는 선생님입니다. 저 역시 다시 그들을 따듯하게 웃으며 안아주기를 원합니다,

"Good Morning." (좋은 아침이에요.)

2017년 6월 21일

잃어버려야 얻을 수 있는 것들

물을 마시지 않게 되었습니다. 붕어처럼 물을 많이 마시던 제가 물이 귀한 나이로비에 온 뒤로 하루에 한 컵, 많으면 두 컵 정도로 버틸 만큼 물 마시는 양이 변했습니다.

화장실을 가지 않게 되었습니다. 자주 가던 화장실인데, 오후까지 한 번도 가지 않아도 될 정도로 필요 없게 되었습니다.

피곤해도 밤늦게까지 일하는 것을 좋아하던 제가 저녁 8시 반이면 자서 새벽 5시에 일어나는 습관이 생겼습니다.

걸음이 더 빨라졌습니다. 원래도 걸음이 빠른 편에 속했지만 이전에 10분 정도 걸리는 거리를 3~4분 안에 갈 수 있을 정도로 빨라졌습니다. 빨리 안전한 곳에 도착해야 하니까요.

밖에 나가는 것이 싫어졌습니다. 걷는 것을 좋아하고 바람 쐬는 것을 좋아하던 제가 집 밖의 상황이, 시선이 두렵게 되었습니다.

말이 없어졌습니다. 하루 종일 학교에서 아이들과 보내고

집에 와서 그럴까요. 아니면 더 이상 주위에 함께 공감대를 가지고 이야기를 나눌 수 있는 사람들이 줄어서 그런 걸까요. 말로 내 마음과 생각을 표현하는 법을 잃어버렸습니다.

눈물이 많아졌습니다. 혼자 있는 것을 즐기던 제가 방에 홀로 남겨져있을 때 아무 이유 없이 눈물을 흘리게 되었습니다.

언제나 계획과 방향이 명확했었는데 하얀 백지처럼 미래를 비워두는 법을 배우게 되었습니다.

어떤 일이든 흑백으로 정리가 쉬웠던 제가 '회색'을 받아들이는 것을 연습하게 되었습니다.

결론이 중요하던 제가 과정을 더 중요하게 여기게 되었습니다.

...

제가 나이로비에 와서 잃어버리고 새로 얻은 습관들입니다. 이렇게 환경에 따라 변하는 모습에 놀라기도 하고, 자신을 맞춰야 하는 현실이 서럽고 무섭기도 합니다. 사명감과 확신으로 버티다가 너무 버겁고 혼란스러운 날엔 교실에 혼자 앉아 울기도 합니다.

어느 날 아침, 등교 길에 본의 아니게 학생들에게 그런 모습을 들키고 말았습니다. 멀리서 저의 표정을 보고 가까이 오지도 못하고 뚫어지게 쳐다보며 어쩔 줄 몰라 제 주위를 빙글빙글 돌며 떠나지 못하던 학생들의 모습이 생각납니다. 그날 수업 시작 전 화장실에서 감정을 추스르고 교실로 가까이 갈수록 아이들의 목소리가 크게 들려왔습니다.

"She's coming!" (선생님 오신다!)

교실에 도착하니 20명의 학생들이 외쳤습니다.

"Surprise!" (서프라이즈!)

스승의 날(Teacher's appreciation day) 아침이어서 모두가 열심히 준비했던 모양입니다. 그런데 이전에 제가 울고 있던 모습을 봤던 학생들이, 미리 계획하고 준비했던 것 외에 추가로 적어주었던 큼직한 카드를 볼 때 저는 알게 되었습니다. 지금까지 일어난 모든 변화들이 충분히 그럴 가치가 있다는 것을 말입니다.

"Miss Grace, don't be sad. Today is about you! Or tell us what's wrong. Because you always take care of us." (선생님, 슬퍼하지 마세요. 오늘은 선생님의 날이니까요! 아니면 무슨 일이 있었는지 우리에게 말해주세요. 선생님도 우리를 늘 돌봐 주시잖아요.)

똑바로 하나님을 보고 걷다 보면, 그 길을 가고 있는 동료들을 만나게 될 테니 주저앉아 있지 말고 일어나라고 하셨던 아버지의 말씀이 기억납니다. "함께 주님을 바라보고 걸어가는 동료들을 보게 해주실 거야. 그러니 포기하지 말고 계속 걸어가렴. 걱정하지도 뒤돌아보지도 말고." 그때는 그 사람들이 저의 학생들이 될 줄 몰랐습니다. 비록 어린 학생이지만 지금 제게 가장 큰 위로와 기쁨이 되고 최우선 순위가 된 그들은 저와 함께 걷고 있는, 한 배에 타고 있는 주 안의 한 가족입니다.

잃은 것이 많은 줄 알았는데, 학생들을 보면서 얻은 것이 더 많다는 것을 깨닫습니다. 나이로비에 와서 이제까지 이해할 수 없었던 사람을 품을 수 있는 인내심을 갖게 되었습니다. 저와 다른 방식으로 생각하고 사는 사람들을 향해 여유를 갖고, 그들의 시야로 세상을 바라보는 법을 배우게 되었습니다. 저를 속이고 아프게 했던 사람들을 판단하지 않고 사랑할 줄도 알게 되었습니다. 사람들을 더 깊게 공감할 수 있게 되었습니다. 함께 웃고, 울고 그 자리에 머무르는 법도 배우고 있습니다. 사람들과의 대화가 줄어든 대신 하나님께서 주시는 마음과 생각들을 글로 써 내려가게 되었습니다. 생활에 필수적이라고 생각했던 것마저 내 마음대로 되지 않는 상황이지만 하나님께 불평하지 않고 받아들일 줄 알게 되었습니다. '주신 분도 가져가시는 분도 모두 주님'이라는 욥의 고백처럼, 이미 처음부터 모두 주님의 것이라고 저도 고백하고 있습니다.

무엇보다 제가 얼마나 배우고 가르치는 것을 사랑하는지 주님은 보여주셨습니다. 언젠가 하나님 앞에 갈 때 손잡고 함께 갈 수 있는 사람들이 생겨서 참 기쁩니다. 아직 어색하고 혼란스럽지만 이전보다 예수님과 더 가까워지고, 그분의 마음을 덜 아프게 해드릴 수 있도록 저를 변화시키고 계시는 하나님의 손길을 느낍니다. 저도 "수고하였다, 착하고 충성된 종아!"라고 하시는 그분의 목소리를 직접 들을 수 있는 날이 오겠지요. 그날을 희망하며 오늘도 잃어버린 것보다 새로 얻은 귀한 것을 세어봅니다.

2017년 10월 13일

바다 한가운데 머물다

"You call me upon the waters, the great unknown
where feet may fail. And there I find you in the mystery in
oceans deep my faith will stand."
(발이 땅에 닿지 않는 깊은 바다로 저를 부르십니다. 제가 짐작할
수 없는 곳으로. 그리고 그 신비한 깊은 바다 가운데에서 저는 당
신을 찾습니다. 제 발이 아닌 믿음이 설 수 있을 그곳에서)

힐송(Hillsong United), '바다(Oceans)'

나이로비에 오고 나서 바다에 대해 깊이 묵상하는 시간
을 자주 갖고 있습니다. 특히 버겁고 외롭고 힘들 때는 더욱
깊은 바다 한가운데 잠겨있는 것 같은 마음이 듭니다. 가끔
은 하나님께서 우리를 오지도 가지도 못하는 한자리에 머물
게 하시는 것 같습니다. 그런데 하나님이 허락하신 자리를
지키는 것은 쉽지 않습니다. 차라리 가라 하시면 좋을 텐데,
아니면 멈추라고 하시면 좋을 텐데…. 말씀하신 자리에 잠
잠히 머무르는 것은 참 어렵습니다.

그리스도인들로서 우리는 폭풍 가운데 머무는 법을 배우는 사람들입니다. 저 역시 그 깊은 바다 한가운데서 흔들림 없이 예수님을 바라볼 수 있기를, 그리고 비록 폭풍을 멈춰 주시지 않을지라도 주님께서 함께 계신다는 사실을 신뢰할 수 있는 용기를 달라고 기도합니다. 발이 닿지 않고 끝도 보이지 않는 깊은 바다 가운데서 믿음으로 점점 더 굳건하게 설 수 있기를, 승리를 확신하고, 새로운 성령의 세례를 받고 나올 수 있기를 소망합니다.

복음의 비밀인 십자가를 가장 낮고 수치스러운 곳에서 찾을 수 있는 것처럼, 주님은 제가 가장 볼품없고 하찮은 존재일 때 가장 커다랗게 다가오셨습니다. 그런 주님을 알고 있기에 저는 바다 가운데 머물러 기도할 수 있습니다. 지금 저는 발이 닿지 않는 낯선 곳에 서 있지만 성령님께서 내 믿음의 한계를 뛰어넘는 깊은 바다까지 인도하시고 함께 하실 것을 압니다. 거센 바람과 파도에 마음을 빼앗길 때도 있지만, 폭풍이 잠잠해질 때쯤 저의 믿음은 더 굳건해지고 주님을 향한 신뢰는 흔들리지 않을 것입니다.

바다 깊은 곳에 서 계신 주님을 보며 예수님께서 저와 함께 바다 가운데 계시다는 사실이 얼마나 큰 위안이 되는지 모릅니다. 그분은 용기 없는 저를 꾸짖지 않으시고 제가 발을 내딛을 수 있도록 거친 파도를 잠잠하게 해주십니다. 깊은 물 위에 계신 예수님 옆으로 가고 싶다고 하는 저에게 너는 할 수 있다고 두 손을 내밀어 주시는 주님 때문에, 폭풍이 아니라 저를 두 팔 벌려 기다리시는 주님의 품으로 조금씩 시야를 옮길 수 있습니다.

깊은 물일수록 더 큰 은혜가 있음을 알고 있습니다. 어느 때보다 더 가까이 계심을 압니다. 알면서도 믿음의 한계에 부딪혀 무너지는 속상한 순간에도 아무 말 없이 즉시 저를 잡아주시는 예수님을 만납니다.

예수님의 위대함은 폭풍 속에서 더 분명히 드러납니다. 저의 나약함이 더 처절하게 드러날수록 깊은 바다에서 굳건히 서 계시는 예수님과 더 깊은 사랑에 빠집니다. 그래서 폭풍이 지나가게 해주시기를 기도하기보다는 예수님이 계시는 폭풍 가운데로 걸어 나갈 수 있는 용기를 달라고, 신뢰할 곳이 하나님뿐인 더욱더 깊은 믿음의 바다로 인도해달라고 기도합니다. 깊은 물 속이지만 주님과 함께 있으니 평안할 수 있습니다.

"너는 나를 누구라 하느냐?"

"주는 진실로 그리스도시요 살아계신 하나님의 아들이십니다."

2017년 10월 13일

더 깊은 곳으로

많은 학생들이 처음 수영을 배울 때 한 단계씩 차근차근 배워나갑니다. 얕은 물부터 튜브를 끼고 선생님의 코칭을 받으며 팔을 어떻게 움직여야 하는지, 발을 어떻게 움직일지, 숨은 언제 쉴지 차근차근 배우는 것이지요. 하지만 아무 사전 준비 없이 바로 깊은 물에 빠져 수영을 배우게 되는 사람들도 있습니다. 처음에는 놀라 허우적대겠지만 그런 혼란 속에서 어떻게 앞으로 나갈지 터득해 갑니다. 중요한 사실은 인생의 시기와 상황에 따라 하나님께서 두 방법을 다 허락하시고 사용하신다는 것입니다.

하나님께서는 어린아이가 처음 수영을 배울 때처럼 가르쳐주실 때도 있지만, 때로는 그냥 깊은 물에 풍덩 빠지는 일도 허락하십니다. 하나님의 도움이나 개입이 전혀 없는 것 같이 느껴지는 상황은 오히려 그분이 더 주의 깊게 지켜보시는 시간입니다. 언제든지 뛰어들어 구해주실 수 있도록 말입니다. 어쩌면 이런 상황은 하나님께서 저를 향해 보여주시는 깊은 신뢰의 사인이자 하나님과 저만의 한층 더 친밀한 동행의 시작이 아닐까요. 그래서 가장 힘들 때 하나님께서는 가장 가까이 계신다는 말이 나온 것 같습니다.

"하나님, 왜 자꾸 깊은 물에 빠지는 상황이 오는 걸까요?"라는 저의 물음에 그분은 우리가 과정 중에 있다는 사실을 보게 해 주셨습니다. 삶에 문제가, 고민이, 고통이 많은 것은 인생이라는 과정 중에 있기 때문입니다. 그런데 과정보다 결과를 중요하게 여기는 우리는 이런 사실을 자꾸 잊어버리고 맙니다.

교육학에서는 학습자의 동기를 두 가지, '평가목표'와 '학습목표'로 구분합니다. 평가목표를 가진 학생은 오직 '결과'에 초점을 둡니다. 이런 아이들의 특징 중 하나는 실패했다고 생각하는 상황에서 눈에 띄게 자신감이 없어진다는 것입니다. 평가를 중요시하기 때문에 실패를 민감하게 받아들입니다. 그 결과가 자신의 의미와 가치를 결정한다고 생각하기 때문입니다. 그런데 학습목표를 가진 학생들은 오히려 배움에 초점을 둡니다. 어려움 속에서 실패할지라도 새로운 원리를 터득하는 것에 의미를 둡니다. 이런 아이들은 도전적이며 문제를 해결하는 과정을 긍정적으로 대응합니다. 성공이나 실패에 자신을 가둬 두지 않기 때문에 성장할 수 있는 문제들을 선택하고 배우는 과정에서 기쁨을 누릴 수 있는 것입니다.

저 역시 삶을 대하는 태도가 과연 결과를 지향하고 있는지, 학습을 지향하는지 고민한 적이 있습니다. 그리고 그 과정 속에서 하나님께서 결코 성과와 효율성을 따지시며 일하시는 분이 아니라는 결론을 내렸습니다. 우리가 살아가는 인생 역시 절대로 완벽할 수 없기에 실수와 성장통이 잇따르지만, 그런 저를 위로하는 놀라운 사실은 하나님께서 우리에게 완성을 요구하지 않으셨다는 것입니다. 그래서 늘 배울 기회가 있고 앞으로 나아갈 수 있는 미래가 있습니다. 모든 과정 가운데 기꺼이 동행해주시는 하나님의 사랑에 의지할 수 있어 용기가 생깁니다. 어느 단계에서 멈추게 될지라도 우리는 천국이라는 선물을 받은 승리자들입니다. 실수나 실패를 허락하지 않는 이 세상의 원리로 재단되지 않고 평생 주님의 도를 배우는 이로 살아갈 수 있다는 것이 저에게는 큰 위로가 됩니다.

지금 저는 깊은 물에 빠져있습니다. 그렇지만 신앙은 생명을 걸고 싸워야 할 만한 충분한 가치가 있습니다. 연약한 저는 흔들릴 수 있어도 이미 받았고, 들어와 있으며, 장차 받을 하나님의 나라는 절대로 흔들리지 않는 나라이기 때문입니다(히 12:28). 그래서 담대하게 깊은 물로 나아가려고 합니다. 처음 저의 선교의 여정을 시작하신 하나님께서 끝까지 승리로 이끄실 것이라는 믿음 하나를 가지고 갑니다. 주 안에서 수영하는 법을 배워서 더 깊은 물로, 더 깊이 하나님을 체험하는 곳으로 가겠습니다.

2018년 1월 21일

무중구(Mzungu)

"칭총(Ching Chong)!"

길거리를 지나다닐 때마다 하루에 수도 없이 많이 듣는 단어입니다. 무슨 뜻인지도, 실지로 존재하는 단어인지도 알 수 없습니다. 그저 중국 사람들이 말하듯, 중국어를 놀리고 조롱하는 듯한 단어라는 것뿐. 그리고 내가 아시아인이기 때문에 당연히 '중국' 사람일 것이라고 생각하는 그들의 마음이 엿보일 뿐입니다. 내가 어디서 왔는지, 어느 나라에서 컸는지 그들에게는 상관없습니다. 왜냐하면 그들에게 저는 똑같은 '무중구(Mzungu)'이기 때문입니다. '얼굴이 하얀 사람, 돈 내는 사람, 외국인'이라는 뜻을 지닌 이 단어는 제가 하루에도 수없이 듣는 말입니다. "너는 이곳 사람이 아니야, 너는 우리와 달라, 너와 나는 다른 세계에 존재한다"는 것을 피부로 느끼게 해주는 말입니다.

대부분의 케냐인들에게 외국인들은 아직 그런 존재입니다. 그저 신기하고 새롭고 본인들과 다르기 때문에 그렇게 다가온다는 것도 알고 있습니다. 악의없이 하는 말일 수 있

다는 것도 압니다. 하지만 매일매일 지나가는 사람들의 신
기하다는 시선, 외국인들은 무조건 돈이 많을 거라는 고정
관념들이 저를 외로움이라는 울타리 안에 가두어 놓습니
다. 저는 그들에게 그저 '무중구(Mzungu, 신기한 존재)'에
지나지 않는 걸까요. 케냐 안에 사는 자국인들끼리 생존을
위해 서로 속이고 이용하려는 태도는 외국인들을 대상으로
할 때는 그 정도가 3~4배 더 심각해집니다. 그래서인지 누
군가 저를 이용할 거라는 불안함 때문에 여유를 가지고 다
른 사람에게 다가가거나 진심을 나누기가 쉽지 않습니다.

선교를 시작하면서, 이곳에 눈에 띄는 발전이나 도움을
주고 가지 못한다고 해도 이곳 사람들과 함께 했다는 고백
을 할 수 있기를 간절히 원했습니다. 하지만 제가 아무리
사람들에게 다가가려고 노력해도 외모 때문에 팅겨나갈 때
는 낙심되곤 합니다. 그렇지만 "내가 너에게 약속한 것을
다 이룰 때 까지 너를 떠나지 않겠다"라고 말씀하신 하나님
아버지의 음성을 신뢰하며 외로움과 불신에 맞서 싸우고
있습니다.

하나님께서 함께하신다는 믿음을 붙잡고 매일 아침 일
어나면 기도합니다. 이들이 이곳에서 필요한 것이 무중구
(Mzungu)라면, 기꺼이 그 사람이 되어 외국인으로 그들 안
에서 살아갈 수 있기를, 그리고 그 여정에서 닥쳐오는 외로
움을 이길 수 있는 힘과 능력을 주시기를….

2017년 6월 17일

자족하는 마음

지금 살고 있는 케냐의 집은 물이 끊겨 샤워를 하거나 화장실을 쓸 수 없는 상황이 자주 일어나지만, 그 일로 불편하다고 생각하거나 힘들다고 여기지 않는 제 자신이 신기하기만 합니다. 먼지가 많아서 알레르기가 심해지고, 전기나 인터넷 그 외 모든 것이 불안정한 이곳에서 까탈스럽고 예민했던 제가 융통성 있게 변하고, 더 여유로운 태도와 긍정적인 생각을 할 수 있는 것은 단순한 성품의 변화가 아니라 하나님의 은혜라고 생각합니다. 그리고 기도의 힘이라고 믿습니다. 상황이 바뀌지 않을지라도 마음가짐이 바뀐 것은 더 값진 일이고 엄청난 위로이자 평안입니다.

이곳에서는 모든 사람이 물과 전기 그리고 원활하지 않은 여러 가지 시스템으로 인한 어려움을 일상적인 삶으로 받아들이고 있습니다. 없을수록 있는 것에 감사하고 자족할 수 있음은 하나님의 은혜가 흘러넘쳐 제 마음에 흐르기 때문입니다. 모든 것을 어려움 없이 누려왔던 내 삶 속에, 이제는 그것들 대신 하나님께서 함께하신다는 충만함이 가

케냐 나쿠르(Nakuru)의 벌판에서

득합니다. 그동안 느껴보지 못한 감사와 찬양을 드립니다.
새로운 마음으로, 새로운 은혜로 매일 하나님을 만나고 있
습니다. 그런 하나님과의 만남을 통해서 어느 때보다 깊은
평안함을 마음속 선물로 받고 있습니다.

2017년 5월 7일

하나님과 부르는 인생 찬가

선교사로 파송을 받은 뒤 많은 분이 저를 '선교사님'이라고 불러주십니다. 그렇게 불릴 때마다 어색해서 몸이 굳기도 하고, 머쓱한 웃음을 짓기도 합니다. 아직도 신기하고 새롭고 무엇보다 부담스럽습니다. 주위의 많은 분이 아프리카에 사랑을 보여주시면서, 선교 자체에 대해서도 궁금해하며 관심을 가져주셔서 더욱더 그렇습니다. 사는 곳이 달라지는 등 많은 것이 변한 것 같지만 끝끝내 변하지 않고 똑같아 보이는 제 자신을 볼 때마다 선교사라고 불리기에 모자란다는 생각이 늘 듭니다. 그렇게 선교사라는 타이틀은 저에게 그런 크고 작은 여러 가지 것들을 떠올리게 해줍니다.

그동안 받은 많은 질문 중에서 선교란 무엇인가, 어떻게 하는가라는 주제를 가지고 '현대 선교(Modern Day Mission)'의 목적과 방법에 대해 고민해 보는 시간을 가져보고 있습니다. 21세기를 살고 있는 젊은 세대에게 선교는 너무 멀고 위험하고 두려운 단어이기도 합니다.

"그럼 다니고 있던 직장을 포기하고, 하고 있던 공부를 중단하고 선교지로 떠나야 하나요?, 선교가 끝나고 돌아와서 뒤처지지 않고 남들처럼 커리어를 따라갈 수 있을지 고민이에요…."

하지만 참 감사하지요. 하나님께서 제게 보여주신 선교는 인생 궤도를 억지로 멈추고 해야 하는 별도의 추가적인 희생이 아니었습니다. 선교가 '따로 나 있는 길'이 아니라는 것을 깨우칠 수 있었던 것은 지금까지 하나님께서 제가 살아온 모든 과정들이 모두 선교적인 삶을 향해 설계되어 있음을 간증할 수 있게 해주셨기 때문입니다. 그런 의미에서 선교는 제가 가던 길을 벗어나 하나님을 섬기는 별개의 시간이 아니라 통합적인 인생의 한 부분입니다. 처음부터 제가 하는 일이 아니기에, 저의 삶 전체를 사용하실 하나님이시

기에 두렵지 않습니다. 하나님을 섬기는 '선교'의 길을 선택했다고 뒤처지게 하지 않으실 그분의 돌보심을 믿습니다.

케냐로 떠날 때 꿈꿔왔던 직장을 내려놓고 사랑하는 가족을 떠나 모든 것을 하나님을 위해 포기하고 간다고 생각했습니다. 하지만 선교 자체를 통해, 제 삶이 한 단계 더 나아가는 축복을 통해 하나님의 섭리를 맛보고 있습니다. 케냐가 삶에서 빠진 부분을 채우는 퍼즐 조각처럼 맞아떨어졌던 이유는 두 가지입니다. 첫째로 하나님께서 그동안 저의 삶에서 배우고 경험하게 해주신 모든 것들을 한번에 사용할 수 있는 자리였기 때문이고, 둘째로 전문적인 지식을 전달하고 도움을 줄 수 있는 곳이었기 때문입니다. 지난 9개월의 과정을 통해 하나님께서는 당신이 부르신 곳에서는 모든 것이 합력하여 선을 이룬다는 것을 증명하셨습니다. 저에게는 그곳이 케냐였지만 선교지라고 해서 멀리 있어야 한다고 생각하지 않습니다.

이제는 '선교지'에 전문가들이 필요한 시대가 열렸습니다. 모든 순간 나는 선교사이고 지금 서 있는 자리가 나의 선교지이기에, 공부하는 학생이라면 공부를, 직장을 다니고 있다면 직장 생활을, 살림을 하는 사람이라면 가정을 위해 최선을 다하는 삶의 태도가 이 시대 선교를 위한 과정입니다. 언젠가 하나님께서도 이 모든 것을 사용하실 것입니다. 어디를 가도 아마추어가 아닌 준비된 전문가로서 최선을 다해야 하나님께도 최선을 다해주시지 않을까요. 삶 속에 거쳐 온 직장들, 만나는 사람들, 그리고 각종 교육을 통해 보고 듣고 배우게 하신 것들을 통해 매일매일 선교에 참여하도록 인도하시는 하나님의 섭리에, 그리고 저의 결단과 고백을 기쁘게 받아주신 하나님께 감사와 영광을 드립니다.

이제는 모든 것이 하나님의 영광을 위한 것이라는 뜻을 매일 조금씩 더 깨닫고 있습니다. 하나님이 사용하실 때 저는 가장 빛이 납니다. '하나님께서 평생 사용하실 수 있는 삶을 나에게 주셨구나'라는 생각을 할 때마다 제가 얼마나 사랑받고 있는지 놀라게 됩니다. 하나님께서 부르시는 곳이 아프리카가 아니라 다른 어디라도 순종할 수 있는 것은, '하나님께서 또 다른 선물을 주고 싶으시구나' 하고 기대할 수 있기 때문입니다. 그 선물들이 모여 비전이 되고 하나님께 영광이 되길 소망합니다.

인생은 서프라이즈로 가득한, 너무나 놀라운 하나님의 선물이자 동행입니다. 하루하루를 살아내는 일상의 모든 선교사님께 응원과 사랑의 메시지를 보냅니다. 그리고 샬롬을, 세상이 줄 수 없는 하나님만이 주실 수 있는 깊은 평강을 전합니다. 우리 인생을 설계하신 하나님께서 우리 인생의 한 날도 버려두지 않으실 것입니다, 아멘.

2017년 12월 22일

선교는 일상을 살아내는 일

하나님을 사랑하고 경외하고 하나님 나라가 이 땅에 임하기를 소망하는 마음과 가지고 있는 전문성을 살려서 부름 받은 곳에 도움을 주고 싶다는 희망을 가지고 나이로비에 왔습니다. 하지만 이곳 선교지에서 일을 하면서, 제가 얼마나 준비되지 않은 나쁜 선교사인지 부딪히고 깨지며 알아가고 있습니다. "하나님, 여기 있기에 저는 얼마나 자격이 없는 사람인지요…."

사람들을 위해 왔지만 여전히 일과 성과에 집중하고 있는 자신을 보며 한심함을 느끼기도 하고, 저와 맞지 않는 방식으로 일하는 사람들을 기다리지 못하는 인내심 없는 자신의 바닥을 하루에도 몇 번씩 확인하고 있습니다. 사람들을 사랑으로 대하자는 다짐이 무색하게도, 일을 미루고 의지하고 책임 지지 않는 사람들에게 화를 내고 있는 자신에게 실망하고 있습니다. 하나님 나라를 위해 뭐든지 하겠다는 굳은 다짐을 하고 왔는데…. 다른 문화와 사람들, 주어지는 일에 커다란 부담을 느끼고 있는 자신이 나약하게만 느껴집니다. 저 같은 사람이 이곳에 선교사로 와있다는 사실에 마음이 찢어지게 아픈 동시에 하나님 아버지께도 면목이 없습니다.

선교를 너무나 힘들고 고통스럽고 죽음까지 감안해서 가야 한다고 극단적으로 알고 있는 사람들도 있지만, 가끔 선교를 현실 이상으로 로맨틱하게 생각하고 있는 사람 역시 있는 것 같습니다. 저는 선교가 일상을 살아내는 일이라는 것을 배우고 있습니다. 떠나기 전과 같이 사람들과 부딪히며 울고 웃고 사랑하고, 화를 내고, 일을 하며 섬기는 똑같은 일상 말입니다. 여전히 이곳에서 저는 기도하고 큐티할 시간을 찾아야 하고 말씀을 읽기 위해 노력하고 있습니다. 선교사라는 타이틀은 일상을 살아가고 있는 모든 분들에게 하나님께서 주신 사명이자 직책이 아닐까요. 왜냐하면 어디에 있든, 그 사람의 현장이 바로 하나님께서 부르신 선교지이기 때문입니다. 오늘 실패했다 하더라도 내일, 그리고 매일매일 기회를 새롭게 주시는 하나님에게 감사를 드립니다. 완벽하게 준비되기 전, 한없이 자격 없을 때에도 기꺼이 사용하시는 하나님의 은혜를 오늘도 누리길 원합니다.

2017년 6월 3일

당신입니다

　　제가 케냐에 도착해서 만난 사람 중 가장 밝고 순수한 하나님의 사람은 남편의 직장을 따라 이곳으로 이사 온 젊은 한국인입니다. 그녀는 케냐에 와서 평범한 주부로 살며 제가 섬기는 학교 도서관에서 자원봉사자로 섬기고 있습니다. 그녀의 영어실력은 'Broken English'로 아직 잘하지 못합니다. 처음 만난 날, 저에게 너무 솔직하고 진실하게 다가오는 그녀 때문에 당황한 기억이 있습니다.

　　"저는 맨날 울었어요, 남편이랑 싸워요, 저는 너무 외로워요, 저는 잘하는 것이 없어요…."

　　하지만 제가 학교에서 보는 그녀는 늘 열심히 밝은 모습으로 이야기를 하고, 먼저 대화를 시도하는 등 전혀 소극적인 모습이 아니었습니다. 비록 잘하지 못하는 영어에, 매일 슬프고 외롭더라도 그녀는 선생님들부터 학교 관리자, 청소부, 사무원들까지 모두를 행복하게 해줍니다. 매일 주위 사람들에게 먼저 이렇게 대화를 건네는 것으로 말이에요.

　　"Hi, How are you?" (안녕하세요! 어떻게 지냈어요?)

"You're so pretty today!" (오늘 참 예뻐 보이세요!)

그녀의 질문에 담긴 작은 관심은, 이곳 선생님들과 현지 선교사님들이 정신없는 하루 중 자신에게 집중하게 해주는 여유, 누군가의 관심으로 인한 행복과 웃음을 줍니다.

"Hi Grace!" (안녕하세요 그레이스!)

학교 선생님 한 분이 저에게 웃으며 아침에 인사해옵니다.

"Hi! Sorry I'm so busy. Talk soon!" (안녕하세요! 미안해요. 제가 너무 바빠서요, 나중에 얘기해요!)

바쁘다는 핑계로, 선생님의 인사에 주로 하던 저의 대답입니다. 하나님 나라를 위해 사람을 섬기러 왔는데, 이곳에서 또 '일'에 집중하고 있는 저를 발견하는 순간입니다.

"What could possibly be more important than asking someone how are you, and talking about it?" (누군가에게 어떻게 지내는지 물어보고 그것에 대한 대화를 나누는 것보다 더 중요한 것이 무엇이 있겠습니까?)

쌩 지나치는 저를 붙들고 웃으며 말해준 케냐 선생님의 말이 기억에 남습니다. 그마저도 지나친 저이지만 말입니다. 이 이야기의 주인공인 그녀 자신은 잘하는 것이 없다고, 학교에서 하는 일이 없다고 늘 말합니다. 삶의 어려움까지 겪고 있는 그녀는 육체적으로 가장 피곤한 봉사를 하면서도, 모든 사람을 사랑과 관심으로 대하며 타인을 배려하기 위해 오래 참는 모습을 보여줍니다. 그래서 영어가 완벽하지 않아도, 사람을 대하는 섬세함과 겸손한 자세가 마음을

학생들의 액자 선물

감동시킵니다. 나이가 어리던 많던, 케냐인이건 한국인이
건, 늘 대화할 준비가 되어있는 그녀의 모습은 정작 선교사
로 온 나보다 오히려 더 선교사 같은 모습입니다.

"내가 보기에 진짜 선교사는 바로 당신"이라고 말해주고
싶습니다. 그녀처럼 사람들을 위로하지는 못하더라도, 힘
든 그녀의 삶 속에 조금이라도 위로가 되고, 이야기를 들어
주는 친구가 되는 것부터 시작해보자고 다짐해봅니다.

2017년 8월 3일

당신은 특별한 사람

　　오랜만에 보는 얼굴들이 서로를 반겼습니다. 1년 중 세 번째이자 마지막 학기인 4월 학기가 시작되며 선생님들과 학생들이 학교에서 만나 인사들을 하는 모습은 이전 학기 초보다 차분하고 평화롭습니다. 다들 한 학년의 마무리를 준비하는 과정이라 그런가 봅니다.

　저는 반가운 얼굴들 사이로 기다리고 있던 사람을 찾았습니다. 아이를 출산하여 지난 학기 3개월 육아휴직을 다녀온 1학년 담임인 N 선생님입니다. 온화하고 상냥한 성품을 지닌 그녀는 조용하고 성실한 분입니다. 학교에서 그녀는 큰일이나 눈에 띄는 일을 하지는 않습니다. 워낙 조용하고 온화한 성품 탓인지 있는 듯 없는 듯 학교에서 생활하지만 1학년 어린 학생들의 사랑을 한몸에 받고 있습니다. 그리고 젊은 나이지만 선생님들의 존경도 아주 듬뿍 받고 있습니다.

　제가 그녀를 처음 만난 것은 작년 4월 학기 1학년 학생들 채플을 준비하면서였습니다. 아이들 특순을 같이 준비하며 대화를 나누게 되었습니다. 당시 그녀는 임신 중이었고 종일 1학년 학생들을 돌봐야 했습니다. 그리고 가장 멀리서 출근하는 선생님 중 한 명이었습니다. 어린 학년 담임이다 보니 학교에서 받는 월급도 가장 적은 선생님이셨습니다. 심적으로나 재정적으로나 마음에 여유가 없었을 것 같은데도 늘 조용한 미소로 저에게 인사를 건네고는 했습니다. 그런 그녀가 단 한 번도 불평하는 것을 보거나 들은 적이 없습니다. 몸이 아파서 중간에 병원에 가기도 하고, 중간에 수술을 받아야 하기도 했지만 늘 변함없는 평안한 미소로 학생들과 사람들을 대했습니다. 늘 묵묵히 웃으며 자기 일을 해나가는 그녀가 좋았습니다. 그래서 일이 없거나 덜 바쁠 때면 그녀의 교실로 찾아가 앉아있다 오고는 했습니다. 가끔은 힘들다고 불평하기도 하고 투정을 부리기도 하면 미소를 지으며 저와 함께 있어 주는 N 선생님만으로도 넉넉한 위로를 받았습니다. 그녀 곁에 있는 것으로도 이상하게도 쉼을 느낄 수 있던 이유를 이제는 알고 있습니다. 감사하는 N 선생님의 마음에서 여유와 평온이 풍겨 나왔다는 것을 말이죠. 이번 학기에 복귀한 그녀를 꼭 안으며 저는 말했습니다.

"Welcome back! I have missed you very much." (다시 돌아온 것을 환영해요! 선생님이 많이 보고 싶었어요.)

따듯한 포옹 뒤로 그녀가 여전한 미소와 함께 작은 목소리로 제게 말했습니다.

"You are so special to me." (당신은 나에게 정말 특별한

사람이에요.)

그녀의 말에 깜짝 놀랐습니다. 바로 내가 하고 싶었던 말이었기 때문이죠. 그녀는 차분하고 온화한 목소리로 이야기를 이어갔습니다.

"I was telling my husband what you did for me during my pregnancy - how I can always come to you in the morning when I was hungry and you would give me anything that you have, how you would drop off chocolates in my classroom some days and it made me so full." (남편에게 선생님이 제가 임신 중에 해주었던 일들에 대해 말해주고는 했어요. 아침마다 배고플 때 선생님께 찾아가면 늘 가지고 계신 것을 다 주셨던 것도, 그리고 가끔 우리 반에 저를 위해 두고 가셨던 초콜릿이 얼마나 저를 푸근하게 했는지도요.)

이제 세 남자아이의 어머니가 된 그녀는 작은 것 하나에도 하나님께 감사를 드리는 큰 사람입니다. 없으면 없는 대로, 있으면 있는 그대로를 감사드립니다. 없는 것도 있는 것도 다 하나님께서 주신 것이기 때문입니다. 이곳에서는 작은 것을 나누면 두 배 세 배로 커지는 것 같습니다. 거창한 것을 해준 것도 아닌데 N 선생님의 마음에서 저는 특별한 사람이 되어 있었습니다. 환경과 상황이 더 어렵기 때문에 누군가에게 나누는 기쁨이 그만큼 더 큰가 봅니다. 미국이나 한국에서 거리가 먼 만큼 케냐에서는 한 사람이 할 수 있

는 일이 참 많습니다. 한 사람이 끼칠 수 있는 영향력도 더 큽니다. 이곳에 와서 저는 성경 속 한 아이의 도시락이 얼마나 많은 사람을 배부르게 했는지 실감하고 있습니다. 가진 것이 없다고 생각했지만 끝도 없이 줄 수 있을 만큼 하나님께서는 많은 것을 제게 부어주셨습니다. 또한 아무것도 없는 상황에서도 서로를 위해 할 수 있는 일은 늘 있다는 것도 배워가는 중입니다.

저는 N 선생님에게 제가 좋아하는 자바 커피하우스의 달콤한 브라우니와 함께 작은 헌금을 전해드렸습니다. 집에서는 세 아이의 어머니로, 학교에서는 17명 학생의 어머니로 하나님 앞에 있는 삶을 드린 그녀를 응원하며. 헌금과 초콜릿이 담긴 가방을 열어본 뒤 잔뜩 빨개진 눈으로 아무 말 없이 제게 다가와 꼭 안아주고 가는 그녀는 하나님 앞에서 아름답고 특별한 사람이라는 것을 마음으로 느꼈습니다. 그다음 날 아침 그녀를 출근길에 만났습니다.

"Good Morning Ms. N!" (N 선생님 좋은 아침이에요!)

저의 밝은 인사에 수줍지만 신이 난 표정으로 N 선생님이 말했습니다,

"Good Morning Miss Grace. I would like to invite you to where I live." (좋은 아침이에요 그레이스 선생님. 제가 사는 곳에 초대하고 싶어요.)

케냐에서 누군가의 집에 초대받는다는 것이 얼마나 큰 의미가 있는지 알기 때문에 감사함과 조심스러운 마음이 교차했습니다. 누군가를 초대하면 푸짐한 음식과 함께 손님 대접을 아주 잘해야 한다는 문화가 존재하기 때문입니다. 갓난아기와 장난꾸러기 아들 두 명이 더 있는 그녀의 집에 더 부담을 주는 것은 아닌지 고민이 되었습니다. 저의 작은 고민들 뒤로 N 선생님의 따뜻한 목소리가 이어서 들려왔습니다.

"I live in a village, not a big city like this, so I'm afraid you might not like it - but it would be so good to have you come visit us. I will make Chapati and Ugali for you and make mandazi for you to carry home." (저는 이렇게 큰 도시가 아닌 마을에 살고 있기 때문에 선생님이 안 좋아하실 수도 있지만 - 우리 집을 방문하면 너무 기쁠 것 같아요. 선생님을 위해 차파티(전)와 우갈리(옥수수 가루를 뜨거운 물에 익힌 것)를 만들고 집으로 가져갈 수 있도록 만다지(케냐식 도너츠)를 만들어드릴게요.)

그리고 마지막에 그녀가 저를 꼭 안아주며 말했습니다.

"You are so special to me." (당신은 나에게 참 특별한 사람입니다.)

그렇습니다. 하나님께 우리 한 사람 한 사람은 매우 특별한 사람입니다. 딱히 드릴 것이 없어 시간을 드리고, 드리고 싶지만 할 수 있는 게 없어 인생 자체를 드린다는 N 선생님의 마음을 하나님께서는 그 어떤 것보다 소중하고 귀하게 여기시고 계심을 마음으로 느낄 수 있는 시간이었습니다.

2018년 4월 27일

우울증

"Why doesn't she say hi to me?" (왜 나한테 인사 안 하지?)

"Oh you don't look so good. Feel better." (안 좋아 보인 다. 쾌차하길 바라.)

선교사로 이곳에 온 선생님들이 학교에서 학생들이나 현 지인 선생님들에게 많이 듣는 이야기입니다. 항상 밝고 먼 저 손 내밀던 사람이었는데 변한 것 같다고, 예의가 없다고, 내가 싫어진 것 같다고…. 걱정과 함께 이해 못 하겠다는 생 각을 섞어 이야기하기도 합니다. 어쩌면 요즘 기분이 안 좋 은가보다 정도로 생각할지도 모릅니다. 육체적으로 멀쩡해 보이기 때문에, 그 사람의 마음이 무너져가고 있음을 볼 수 없습니다.

최근 '문화충격'이라는 말이 사람들 사이에서 자주 사용 되고 있습니다. 익숙하지 않은 광경을 보았을 때, 자신이 모 르는 삶의 방식을 보았을 때, '문화충격을 받았다'라고 할 수 있습니다. '문화'라는 것이 얼마나 복잡하고 깊게 사람의 정신과 정체성에 관련되어있는지, 그리고 타 문화권에서 살아간다는 것이 한 사람에게 얼마나 큰 정신적 충격을 줄 수 있는지 실감하고 있습니다. 이번 이야기는 제가 가지고 있는 깊은 슬픔에 대한 고민과 원망을 담고 있습니다.

"아무도 나를 이해하지 못하는 것 같아. 지금까지 케냐에서의 나의 삶을 어디서부터 어떻게 설명해야 할지 모르겠어. 난 다시 내가 있었던 사회로 돌아가기가 무서워. 나는 또 적응해 나갈 자신이 없는데…."

올겨울을 마지막으로 선교를 마치고 미국으로 돌아가는 제 친구 이야기가 마음을 먹먹하게 했습니다.

"아무것도 하고 싶지 않아요. 집에서 자고 싶어요. 너무 피곤해요. 집에 가고 싶어요…."

방학을 마치고 케냐로 돌아온 또 다른 선교사 선생님의 이야기입니다.

"동양인인 저를 쳐다보는 수많은 케냐인들이 둘러싼 집 밖으로 나가고 싶지 않아요. 매 순간 안전을 걱정하고 내 발이 땅에 닿는지, 웅덩이에 닿는지 차에 치이지는 않을지 신경 써야 하는 '밖'으로 나가기가 싫어요. 영어를 잘 못하는 내가 실시간으로 사람들이 나에게 하는 말을 듣고 해석하고 또다시 영어로 번역해서 말해야 하는 과정이 너무 힘이 들어요. 내가 익숙한 것들, 친한 사람들, 먹고 싶은 음식을 구할 수 없는 현실이 너무 잔인하고 외로워요. 그래서 두렵고 자신이 실망스러워요."

이 선생님의 경우는 결국 학교를 나오지 않기 시작했습니다. 하지만 그 사람이 점점 깊숙한 구멍으로 들어가고 있는데 끝까지 남아서 그녀를 붙잡아줄 수 있는 사람, 가족, 친구가 이곳에는 없습니다. 아프지만 사랑하는 하나님을 원망할 수 없어서 실망스러운 마음과 받은 상처를 자신의 탓으로 돌리고 맙니다. "내가 더 신실하지 못해서, 믿음이 없어서(I'm not good enough. Im not good enough), 내가 모자라서…"라고 말이지요.

주변의 여러 선교사님이 이러한 깊은 우울증과 자괴감에 빠져 어려움을 겪고 있습니다. 하지만 이런 일은 케냐뿐 아니라 다른 많은 선교지에 계시는 선교사님들도 겪는 고통이라 생각됩니다.

그만큼 타 문화권에 살아간다는 것은
나를 하나씩 지워가는 과정임을
내가 알아왔던 세계가 흔들리는 경험임을
나의 지난 경험과 쌓아온 지식을 믿지 못하는 현실임을
알던 사람들이 멀어지고 낯설어지는 고통임을
많은 경우 수치스럽고 자존심 상하는 것임을
'어른'이기 때문에 아무도 인내심을 가지고 가르쳐 줄 사람이 없는 외로운 고립임을 깨닫습니다.

너무나 헌신적이고 소중한 일이기 때문에 어쩌면 더 깊

은 슬픔이 공존하는 것 같아 가슴이 아픕니다. 평생 안고 갈 어려움일 수 있음을 실감하기도 합니다. 그럼에도 불구하고 떠나지 않고 가야 할 길 다 달려가려고 기를 쓰고 노력하는 것은, 예수님이 이 길을 가셨기 때문이고 그 길에 예수님과 함께 있기를 원하기 때문이지 않을까요. 삶을 살아가면서 풀리지 않는 숙제들이 많이 생깁니다. 하지만 풀리든 안 풀리든 좋으신 하나님이라는 믿음이 슬픔 안에서도 평안을 줍니다.

선교 과정에서, 그리고 앞으로 맞이할 미래를 준비하는 과정에서 저에게 아픔과 정신적·관계적인 손실이 생길까 두렵습니다. 이러한 두려움을 위해 기도합니다. 저의 주변 친구와 선생님들의 마음의 병을 고쳐주시기를 기도합니다. 그들에게 다시 희망을 품을 수 있는 빛을 비춰주시기를 소망합니다. 그리하실지라도, 그리하지 않으실지라도 다시한번 일어나 갈 길을 달려갈 수 있는 사랑으로 채워주시기를 기도합니다. 그리고 "넌 충분하다(You're enough)."고 말씀해주시기를 간절히 바랍니다.

2017년 9월 14일

하나님의 치료법

    이번에 나이로비로 떠나오기 전, 저는 자신을 집이 없는 사람이라고 생각했었습니다. 이곳에서도, 저곳에서도 편안하지 못하고 완벽히 물들어 함께하지 못하는 모습에서 외로움을 느꼈기 때문입니다. 그러나 케냐로 돌아온 지금, 그 외로움은 사라지고, 제가 하나님께서 언제 어디로 옮기셔도 괜찮은 자유로운 사람이라는 사실에 점점 감사하고 있습니다. 국경, 사람, 감정에 얽매이거나 제한되지 않고 오롯이 하나님이 자유롭게 쓰실 수 있는 사람이 되는 편안함과 평강이 있습니다. 이스라엘이 나라를 잃어 떠돌이 신세가 되었지만 그 시기에 하나님의 임재가 더 분명하고 놀랍게 나타났던 것처럼, 제 안에서도 동일한 하나님의 역사가 일어날 것을 신뢰하고 있습니다.

  이 세상에서 느끼는 외로움과 고독에 다른 치료법이나 약은 없는 듯싶습니다. 하나님께 더 집중하고, 하나님을 더 사랑하는 방법을 찾는 것 외에는 다른 해결책이 없다는 것을 배우고 있습니다. 내가 어떻게 하면 덜 힘들까 하고 고민할 때 납처럼 무거웠던 마음이, 하나님께 무엇을 해드릴 수 있을까, 어떻게 하면 하나님께서 기쁘실까 고민할수록 한없이 가벼워지는 것을 경험하고 있습니다. 다른 어떤 것보다 하나님께 잘 보이는 것이 중요하고, 하나님께 칭찬이 듣고 싶고, 하나님께서 사용하실 수 있는 준비된 사람이 되고

나이로비의 알보리텀 공원(Arboretum Park)

싶은 간절함이 자꾸 저를 하나님 앞으로 끌어당기는 강력한 구심력으로 작용 중입니다. 그리고 그분은 그런 저의 부족한 모습들보다 집중해야 할 진리에 더욱더 환한 빛을 비춰줍니다. 저는 하나님께서 주시는 참된 자유를 처음으로 느끼고 있는 중입니다.

하나님의 치유 섭리는 참 신기하고 묘한 것 같습니다. 그

리고 소박할 때가 많습니다. 몇 년 전 제가 가장 아프고 힘든 시기를 겪고 있을 때 아버지께서 해주신 말씀이 기억이 납니다. "길거리에 핀 꽃 한 송이를 보고도 하나님 나라를 볼 수 있는 사람이 되었으면 좋겠다."

너무 초라한 내 모습들까지도 사랑하고 품으시는 하나님 앞에 우리는 아름답고 온전한 신부로 부름을 받았습니다. 이제는 하나님께 받기만 하고 구하기만 했던 어린아이에서, 함께 동역하고 걸어 나갈 하나님의 '신부'로 그분의 때를 기다려야 하지 않을까요. 하나님의 필요가 있는 곳이라면 어디든지 가고, 무엇이든지 말씀하시면 순종하는, 하나님과 함께 일하는 신부로 우리를 부르신 하나님께 감사를 드립니다.

제가 나약해서 넘어져도 매일 제게 은혜를 더하시고, 한순간도 저를 떠나지 않으시기를, 이런 제 마음의 소원을 들어주시기를 기도하며 매일 아침 저의 빈 잔을 채우시는 주님을 노래합니다. 저에게 허락하신 모든 과정을 통해 주께서 계시는 거룩한 곳에 이르게 하시기를, 하나님 앞에 갈 때 부끄럽지 않기를, 그날까지 하나님과 손잡고 함께 걷기를 간절히 구합니다. 끝까지 주의 길을 떠나지 않겠습니다. 하나님의 비전은 반드시 이루어질 것입니다. 지금 저의 높고 낮은 광야와 같은 시간들이 그리스도인의 승리로, 하나님께 영광을 돌려드리는 시간으로 변화되기를 소망하며 기도합니다.

내 안의 두 사람

첫 학기를 마무리하고 방학이 시작되었습니다. 다시 한국 땅을 밟으면서, 다양한 부분에서 괴리감과 혼란, 자신에 대한 고민을 하게 되었습니다. 어느 나라가 살기 더 어렵고 덜 어렵고의 문제가 아닙니다. 지금 고민하고 정체성에 혼란을 느끼는 이유는 케냐와 한국에서의 삶이 극단적으로 다르다는 사실에 너무 큰 충격을 받았기 때문입니다.

케냐에 간 후로 제가 알던 세상, 삶, 생각, 시야, 우선순위 등 많은 것이 바뀌었습니다. 돈을 사용하는 것부터 무엇을 먹고 입을지, 누구와 어떤 이야기를 할지, 어떤 교통수단을 이용하고, 내 시간을 어떻게 사용할지…. 모든 것이 달라졌습니다.

하지만 지금껏 살아온 내 모습도 여전히 내 안에 존재하기 때문에 아직도 완전히 다른 두 사람이 싸우는 것 같아서 혼란스럽고 실망스러울 때가 적지 않습니다. 선교지라는 곳에서만 선교사가 아니라, 어디에 있든지 선교사임에도 불구하고 도대체 왜 이렇게 다른 모습을 자신과 사람들에게 보이는 것일까요. 이런 제 자신에 대해 하나님 앞에서 고민과 질문이 많습니다. 선교사로서의 삶을 살고 있던 케냐에서의 다혜와 그저 한 명의 크리스천인 사회인으로 살아왔던 한국에서의 다혜. 지금 제가 겪고 있는 과정은 이 둘 사이의 균형을 찾아가는 과정이자 또 한편으로는 새로운 세계관을 깨달은 자신을 찾아가는 과정이기도 합니다.

케냐에서 가장 크게 저를 변화시켰던 것은 제한 없는 복음의 크기를 피부로 체험하고, 복음이 세계적이라는 것을 실감했던 경험이었습니다. 한국에 와서 다시 보니 그동안 제가 생각하는 것, 고민해왔던 모든 것이 한없이 작아 보였습니다. 한국에서 살아왔던 삶은 복음의 축소된 모습, 저에게 집중한 채 '나'라는 틀에 갇힌 모습이었습니다. 그럼에도 아직 제 안에 그런 실망스런 모습이 있음을 부인하기 어렵습니다. 과연 저는 둘 중에 어느 쪽 사람인가요? 이제부터 어떤 사람으로 변해갈까요?

역문화 충격(Reverse culture shock)으로 많이 알려진 과정을 통해 저는 하나님 앞에서 자신을 찾아가는 중입니다. 어항에 갇혀있던 물고기가 처음으로 바다를 경험하고 돌아와서 느끼는 감정처럼 혼란스럽고 답답하기도 하지만 제가 할 수 있는 일들이 더 많아진 것 같아 기쁩니다. 아프리카에서 느끼고 보고 증거하고 있는 그리스도의 복음은, 한 도시나 나라가 결코 감당할 수 없을 만큼 넓고 깊고 큽니다. 그 깊이를 맛보았기 때문에 이제까지의 삶에 더 이상 묶여있을 수 없으며, 힘들어도 다시 일어날 수 있는 힘을 얻습니다. 힘들고 어렵던 부분이 많았던 케냐에서의 첫 학기는, 그 어느 때보다 행복했고 제가 있어야 할 곳이라는 것을 느낄 수 있는 시간이기도 했습니다. 이 이유는 하나님께서 저와 함께 하셨기 때문이고 제가 복음을 위해 일하고 있었기 때문인 것 같습니다.

작은 어항 속에서 저의 문제, 이슈, 삶, 건강, 직장, 결혼, 생활, 가족만 바라보기보다 저 넓은 복음의 바다로 나가서 하나님의 한없는 사랑에 의지하려고 합니다. 그럴 때 하나님께서, 걱정하지 않아도 될 삶의 짐들을 평안과 함께 내려놓게 하시고, 새로운 지혜와 기이한 방법으로 저와 함께 하심을 경험하게 하셨습니다.

지금 저는 하나님께서 기뻐하시는 자아를 찾아가는 과정 중에 있습니다. 선교지에서의 생활이 언제 끝날지 모르겠지만, 끝나더라도 늘 하나님이 '사랑하고 기뻐하는 딸'이 되기를 원합니다.

2017년 8월 3일

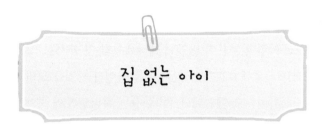

집 없는 아이

　　케냐에서 무중구(Mzungu)로, 외국인으로 생활하다 잠시 한국에 돌아왔습니다. 얼마 떠나있지 않았는데도 지금 이곳의 생활이 마냥 낯설게 다가옵니다. 이런 일들이 제가 선교사로 파송 받고 나서 겪게 된 어려움 중의 한 부분인 것 같습니다.

　한국에 돌아와 주일날 오랜만에 교회에 갔는데 예배를 드리는 사람들의 모습을 보니 반갑기보다는 부러운 마음이 먼저 일어났습니다. 매주 얼굴을 볼 수 있는 사람들, 다음 주에 보자고 할 수 있는 공동체가 있다는 사실이 말이죠. 굳이 어떻게 지냈냐고, 뭐 하고 지냈냐고 묻지 않아도 평상시에 마주칠 수 있는 얼굴들이 있다는 것, 늘 일상에 함께하는 이들이 있고 그런 공동체와 삶의 자리가 있다는 것이 하나님께서 주신 복이라는 것을 새삼 그리고 너무 늦게 깨달은 것 같습니다. 이제 저는 어디에 가도 오랜만에 보는 사람, 낯선 사람이 되었습니다. 집이 없이 떠돌아다니는 외톨이 같이 되어버린 지금에서야 홀로 서 있는 제 모습을 바라볼 수 있었습니다.

　이전부터 제 마음속에는 '나는 외로우면 안 돼, 나는 불편
하면 안 돼'라고 외치는 지극히 이기적인 생각들이 뿌리 깊
게 지배하고 있었던 것 같습니다. 불편하게 살면 안 되고 힘
들면 안 된다고 여기고 있기 때문에 하나님께 뜯어 고쳐달
라고 간청하며 바꾸려고 하지만 과연 고쳐주신다고 해결될
문제일까요. 정말 저는 불편함을 느끼면 안 되는 사람인가
요. 그동안 저의 정체성, 한국인이라는 정체성이 너무 강했
나 봅니다. 그런 고정된 생각이 '나' 이전에 그리스도인이라
는 것을, 이 세상이 영원의 집이 될 수 없다는 사실을 잊어
버리게 만듭니다.

　만약 어려운 상황을 바꿀 수 없다고 해도, 그리고 하나님
께서 바꿔주시지 않는다고 해도, 다니엘이 그랬던 것처럼,
이 세상이 주는 모든 혜택을 포기하더라도 구별된 삶을 살
겠다는 믿음을 가져야 하지 않을까 조심스럽게 고민해봅니
다. 하지만 이런 믿음을 따라 사는 일이 지금 저에게는 너무
나 버겁습니다. 그저 하나님께서 저를 불쌍히 여겨주셔서,
텅텅 빈 마음에 그동안 주셨던 것과는 비교할 수 없을 만큼
의 은혜와 사랑으로 단비를 내려주시기를 소망합니다. 그
동안 비어있던 자리만큼 더 크고 깊게 함께 해 주시기를, 그
래서 우리의 고향인 천국이 제 마음속에 더 분명하게 임하
기를 간절히 기도합니다

　　　　　　　　　　　　　　　　　2018년 1월 14일

네 인생에서 무엇을 원하니?

2018년 1월에 새로 시작하는 학기를 준비하기 위해 나이로비로 떠나기 며칠 전 하나님께서 제 마음속에 주신 질문이 있었습니다.

"다혜야, 너는 앞으로 네 인생에서 무엇을 원하고 있니?"

마음속에서 울리는 세미한 음성에 이제 제게 남은 것이 하나님 밖에 없다며 서럽게 울었습니다. "나는 혼자예요, 나이로비에 돌아갈 자신이 없어요. 가서 아무것도 할 수 없을 만큼 힘이 들어요…." 제 마음을 영어로 표현하자면 'Broken'(깨어짐)이라는 말이 맞을 것입니다. 하나님 앞에서 그동안 제 마음을 지탱하던 무언가가 부러진 사람처럼 울었습니다. 철저히 무너져있다는 생각에 두려움은 더 커지기만 했습니다.

'선교지에 가서 최선을 다하지 못할 바에는 차라리 가지 않는 편이 낫지 않을까? 나 한 사람 버티는 것도 힘든데 내가 누구를 세울 수 있을까? 자주 넘어지는 내가 학생들 앞에 설 자격이 있을까?' 하나님이 쓰실 수 없을 만큼 작게 느껴지는 제 모습이 한없이 초라했습니다.

그런데 그때 아버지께서 해주시던 말씀이 떠올랐습니다.

"한 시간을 걸어갈 수 있는 거리를 이제 세 시간이 걸려서 갈 수 밖에 없는 상황이라고 해도, 포기하지 않는 것이 중요하다. 그 자리를 지켜내는 것이 중요하다. 하나님께서는 그 자리를 굳건히 지키려는 중심을 보시기 때문에 그 신실함을 보실 것이다."

사실 나이로비에 다시 돌아온 지금, 매일 아침 일어나 준비하고 학교로 나오는 시간이 제게 너무나 버겁고 어렵습니다. 그런데도 제가 돌아오기로 결심할 수 있었던 가장 큰 이유는 하나님과 한 약속을 지키고 싶은 마음 때문이었습니다. 또 다시 하나님께서 주신 선교지를 피해 도망가고 싶지 않았습니다. 선교를 떠나기 전에 다니던 회사를 퇴사하며 그곳이 하나님께서 제게 주신 선교지는 아니었는지, 제가 힘들다고 피해 도망간 것은 아닌지…. 지금까지 되돌아보며 후회했던 시간을 기억하며 이번 선교의 자리에서는 도망가지 않기로 했습니다. 어떻게든 아버지의 말씀처럼 그 자리를 지켜내고 싶었습니다.

"하나님, 너무 외롭습니다"라고 할 때마다 하나님께서는 "나와 이야기하자"고 다정하게 찾아오셨습니다.

지금 주신 이 상황도 저에게 필요하기 때문에 허락하시는 하나님의 통치 아래 있다고 믿습니다. 제가 경험한 하나님께서는 변화를 통한 성장을 허락하시는 분이십니다. 그래서 하나님과의 친밀한 동행에는 변화를 향해 열린 마음이 필수 요소인 것 같습니다. 늘 저의 마음을 새롭게 하시는 하나님을 통해 매일 조금씩 하나님께로 가까워질 수 있도록 겸손함으로 배울 뿐입니다.

그래서 제가 가진 슬픔도, 외로움도 하나님께 드리고 있습니다. 답답함도 두려움도 다 하나님 손에 '맡겨'드립니다. 제가 해결할 수가 없는 버거운 짐들을 하나님께 드리는 연습을 합니다. 이제는 감정조차도 제 것이 아니라고 고백할 때 주님은 이전에 몰랐던 엄청난 평강을 주십니다.

"다혜야, 너는 앞으로 네 인생에서 무엇을 원하니?"

하나님의 질문에 "하나님, 행복해지고 싶어요"라고 작은 목소리로 대답했습니다. 그런데 저의 갈망에 하나님께서는 이미 응답하셨더군요. 저와 함께 해주시는 하나님 때문에 이미 충분히 행복했거든요. 하나님께서 보내주신 곳에서 펼쳐진 완벽하게 준비된 미래는 제 생각과 고정관념에 묶여 있던 시간보다 더 기쁘고 자유로운 여정이었습니다. 이 여정이 끝날 때 하나님께 칭찬받고 싶습니다. 잘 따라와 주었다고. 아픔과 어려움 가운데서도 이제 하나님밖에 없어서가 아니라 하나님뿐이라서 너무나 감사하다고 저는 고백할 수 있을 것 같습니다.

2018년 2월 4일

지금 이 순간도 영광이 된단다

　　마지막 선교 여정을 떠납니다. 마지막이라서 가볍고 또 마지막이라서 더 무거운 마음으로 떠납니다. 출발하기 전, 지난 일 년 동안 선교지에서의 삶을 되돌아보며 어떻게 하면 남은 시간을 잘 마무리할 수 있을까 고민해보았습니다. 그런데 예상하지 못한 허무함이 너무 크게 마음에 떠올라 깜짝 놀랐습니다. 과연 그동안의 섬김으로 무엇이 변한 것일까. 제가 생각했던 것만큼 성과가 없는 것 같아 마음이 무겁고 아팠던 것 같습니다. 매 순간 저와 함께해주신 하나님 곁에서 모자라고 부족한 것만 같아서 실망 속에 자책하는 시간도 가졌습니다.

　　"더 잘할 수 있지 않았을까요? 하나님….."

　　주님이 먼저 걸어가시며 남겨두신 발자국만 따라가면 되는데, 늘 제 생각과 마음에 분주하다 뒤처져 주님을 너무 오래 기다리시게 하는 것 같습니다. 그분께서 저를 기다리며 서 계신 곳까지 너무 오래 걸려서, 하나님을 위해 떠난 선교지에서 그분께 받기만 한 것 같아서 죄송하고 가슴이 아픕니다.

그런데 하나님은 그런 순간들을 통해 당신의 마음을 보여주셨습니다. 하나님께서는 저를 통해 변한 다른 어떤 것보다도, 순종을 통해 가장 많이 변한 제 자신을 보게 해주셨습니다. 비록 선교지에서 아무런 변화가 일어나지 않았더라도, 원하는 만큼 성과를 이루지 못했다 하더라도 매 순간 순종했던 저를, 하나님께서 주신 자리에 꿋꿋이 서기로 했던 결단을 하나님께서 더 소중히 여기신다는 것을 배워갑니다.

하나님은 따뜻한 손길을 내미시며 말씀하십니다.

"다혜야, 지금 이 순간도 나에게 영광이 된단다."

속도가 더디고 느리지만 하나님을 향해 가고 있다면, 매 순간순간이 하나님 앞에 영광이 된다는 감사하고 기쁜 소식을 여러분에게 알려드립니다. 가던 길에서 잠시 넘어지고 멈춰서도 기다리시는 주님의 큰 사랑도 함께 전합니다.

제가 먼저 주님의 길을 예비하고 싶은데, 언제나 그보다 앞서가서서 저를 위해 모든 것을 준비하시는 주님께 감사와 영광을 돌립니다. 언젠가는 주님께서 먼저 걸어가신 그 발자국을 뒤로한 채 주님과 가까이, 주님의 옆에 더 가까이 서서 함께 걷게 되기를 간절히 소망합니다. 아무것도 하지 않아도 "네가 숨 쉬는 것만으로도 나에게 영광이 된다"라고 말씀해주시는 사랑하는 하나님을 의지하며 마지막 선교의 여정을 시작하려 합니다. 모든 순간 하나님께서 저를 통하여 영광 받으시기를 기도하는 마음으로 편지를 마칩니다.

2018년 4월 21일

계속 가야 해, 애들아

약 11주 정도 되는 3학기는 1년 중 마지막이자 가장 짧은 학기입니다. 6월 말, 9번째 주를 학생들과 보내고 있던 날, 2주 정도 남은 일정을 두고 학생들에게 제가 한국으로 돌아간다는 이야기를 해줘야겠다고 마음먹었습니다. 저는 학생들과 교실 카펫에 앉았습니다. 그리고 오랫동안 어떻게 전해야 할까 고민해왔던 이야기를 조심스럽게 꺼냈습니다.

"Miss Grace has something to tell you." (선생님이 해줄 이야기가 있어요)

똘망똘망 장난기 가득한 얼굴로 저를 바라보는 17명의 학생 앞에서 차분히 말했습니다.

"Miss Grace will not be coming back to school next term." (선생님은 다음 학기에 학교로 돌아오지 않을 거예요.)

저의 갑작스러운 말에 충격을 받은 아이들로 교실 안은 숨을 죽였습니다. 저는 조용한 목소리로 자세히 설명해주었습니다. 선생님이 돌아오지 않는 이유는 여러분 때문이 아니고, 한국에 있는 '집'으로 돌아가 공부를 마무리해야 하기 때문이라고, 하나님께 약속한 케냐에서의 시간이 다 된 것 뿐이라고, 그래서 이번 학기가 우리의 마지막이라고 말입니다.

아이들은 아무 말도 없었습니다. 늘 재잘재잘 쉴 새 없이 떠들던 아이들이었는데 너무 조용했습니다. 분위기를 바꾸기 위해, 또 작은 위로가 되길 바라며 말했습니다.

"우리에게 '굿바이'일 수 있지만, 선생님이 없어도 여러분은 새로운 시작을 맞이할 거야. 그러니 앞으로 남은 2주 반을 행복하고 더 재미있게 배우며 보내자."

눈물이 날까 봐 아이들과 차마 눈을 마주칠 수 없었지만 웃으며 말했습니다. 그런데 말이 끝나기도 전에 오른쪽 구석에서 갑자기 울음소리가 터져 나왔습니다. 제네시스였습니다. 두 팔로 얼굴을 가린 채 제네시스가 서럽게 눈물을 뚝뚝 흘리며 우는 것이었습니다. 그 뒤에 앉아 있던 베릴도 고개를 들지 못하고 있습니다. 베릴은 우리 반 남자 반장이자 제가 가장 의지했던 학생 중 한 명이기도 합니다. 베릴과 제네시스를 이어 가장 말썽꾸러기 남학생 중 하나였던 오웬이 울기 시작했습니다. 다들 얼굴을 가리고 고개를 숙인 채 서럽게 우는 모습에 저 또한 눈시울이 붉어졌습니다. 신기하게도 남학생들이 먼저 눈물을 보이더니 어느새 여자아이들도 서로 안고 울고 있었습니다. 저 역시 다시 고개를 들 수 없어 애꿎은 바닥만 쳐다보고 있었습니다. 아이들에게 "울면 안 돼"라고 말했지만 저도 그 말을 지키기 어려웠습니다. 마지막 인사를 한다는 것은 "선생님 다음 학기에 우리 이거 해요, 저거 해요"라고 천진난만하게 묻는 아이들에게 함께 하자는 약속을 못한다는 말입니다. 그래서 한참 동안 저도 말을 잇지 못했습니다. 시간이 조금 지나, 마음을 가다듬고 아이들에게 이야기했습니다.

"You need to continue." (계속 가야 해, 얘들아.)

우리 모두 계속 가야만 해. 같이 가지는 못해도 계속 가야만 해. 선생님이 없어도, 선생님에게 너희들이 없어도 우리 모두 계속 걸어가야 한다고 말이지요. 제게 5학년 학생들은 세상 무엇과도 바꿀 수 없는 소중한 보석이 되었기에 어쩌면 학생들보다 저에게 더 어려운 일이겠지만 말입니다. 그동안 학생들 덕분에 많은 순간을 버티며 걸어올 수 있었습니다. 일어나고 싶지 않은 날도, 슬퍼서 아무것도 하고 싶지 않은 날도, 아무와도 이야기하고 싶지 않고 그저 혼자 있고 싶던 날에도, 저를 무조건 바라보고 기다려주는 학생들 때문에 하루하루 견뎌냈고 싸워 나갈 수 있었습니다. 무한한 사랑을 준 그 아이들에게 보답하기 위해, 또 저를 이곳에 보내 그런 사랑을 받게 해주신 하나님의 은혜를 조금이나마 갚기 위해 1년 3개월이라는 시간을 케냐에서 고군분투하며 지냈습니다. 그 과정을 지금 돌아보며 깨닫습니다. 어려운 때도 있었지만 정말 행복하고 사랑으로 충만한 시간이었다는 것을 말입니다.

케냐에서 그래 왔던 것처럼, 매 순간 하나님께선 저의 우편에 서 계시다는 것을 평생 잊지 않겠다고 결심합니다. 제가 어디에 서 있든 주변 환경과 사람에게 흔들리거나 개인적인 상태에 흔들리지 않겠다고 다짐해봅니다.

우리 모두는 계속 가야만 합니다. 저와 우리 반 학생들도 이제 새로운 시작과 마무리를 거쳐 또 다른 삶의 영역으로 모험을 떠납니다. 하나님께서 주신 사명을 위해, 주어진 하루를 최선을 다해 살아야 하는 의무가 우리에게 있습니다.

"내가 죽지 않고 살아서 여호와께서 하시는 일을 선포하리로다."(시 118:17)

시편 말씀처럼 삶의 높고 낮은 순간 속에서 제가 죽지 않고 아직 살아 있는 이유는, 주신 사명을 이루게 하실 분인 여호와 하나님께서 날들을 허락하셨기 때문입니다. 저와 학생들 모두 어떤 환경에서도 하나님께서 살려주시는 한, 두려워하지 않고 그분께서 이루신 일들을 선포하며 이뤄가기를 기도합니다. 그리고 사랑하는 학생들과 언젠가는 그 길을 걷다 마주칠 수 있기를 바랍니다. 잊지 못할 소중한 그들이 하나님 안에서 계속 싸우고 걷고 살아내기를, 마지막 인사를 준비하며 간절히 소망합니다.

2018년 6월 21일

나는 너를 사랑한단다

선교를 처음 시작할 때부터 끝나는 순간을 상상해 보고는 했습니다. 뿌듯하고 자랑스러움만 가득할 줄 알았습니다. 감사와 찬양으로 가득 마음이 채워지고, 하나님과 더 깊은 관계가 되어있을 것이라 생각했습니다. 감동적이고 홀가분할 것이라고 생각했는데 막상 그 시간이 오고 나니 마음이 어려워지기만 합니다. 무감각하고 무기력한 자신을 보며 '내가 왜 이럴까?' 하고 고민하며 하루하루를 보내는 요즘입니다.

저는 지난 1년 3개월 동안 얼마나 자랐고 어떤 면이 변했는지, 하나님과 관계는 성장했는지, 무엇보다 제가 하나님을 더 사랑하게 되었는지, 과연 하나님을 사랑한다는 것이 어떤 의미인지…. 선교지의 일정을 마무리하는 과정에서 엄청난 영적 싸움이 일어나는 듯합니다. 마음 속에 질문이 떠올랐습니다.

"다혜야, 너는 너 자신을 어떻게 바라보고 있니?"

깊게 생각할 필요도 없이 반사적으로 대답했습니다.

"저는 자신을 사랑하지 못할 때가 더 많아요."

생각해보면 항상 저 자신을 혹독하게 대해왔던 것 같습니다. 높은 기준을 세우고 거기에 조금이라도 못 미칠 때면 자신을 책망하고 미워한 적도, 하나님께서도 똑같이 저를 평가하고 계시는 것은 아닌지 슬픔에 잠긴 적도 많습니다. 그분이 보시는 저와 제가 저울질하는 모습은 달랐으면 좋겠다고 소망했습니다. 마음속으로는 알고 있습니다. 하나님께서는 저를 사랑하고 계시다는 것을. 하지만 그 사실을 제가 가장 낮은 자리에 있을 때 기억하기는 참 어렵습니다.

그동안 하나님께서 창조하신 '나'를, 얼마나 부정적이고 혹독하게 평가하고 있는지 돌아볼 시간이 없었습니다. 이리저리 바쁘게 움직이고, 사람들을 섬기면서도, 저 자신을 있는 그대로 받아들이고 칭찬해주지 못했습니다. 자신을 사랑하고 소중히 여기는 법을 배운 적이 특별히 없었기 때문에 그럴 필요성이나 중요함을 잊고 살아오지 않았나 고민이 됩니다. 특히 서로 쉽게 용서하지 않고 작은 실수도 용납하지 않는 비판적인 사회 분위기는 자신을 돌보는 일을 어디서부터 어떻게 시작해야 하는지 잘 모르게 만드는 데 일조하기도 한 것 같습니다.

영적인 부분만을 말하는 것이 아닙니다. 영과 육, 정신적인 부분들을 다 포함하는 의미에서 '돌봄'에 대한 이야기입니다. 제가 무얼 먹고 마시는지, 무엇을 보고 듣고 마음에 담아두는지…. 그날 하루 동안 제가 선택하는 모든 크고 작은 것들이 '나'라는 전인적인 존재를 형성하기 때문입니다.

'나를 사랑하라니' 어쩌면 이기적인 말로 들릴 수 있으나, 자신을 책망하고 미워하면서 하나님을 온전히 사랑하는 것은 불가능한 일이기 때문입니다. 자기를 대하는 방식이 하나님과의 관계에도 영향을 주는 경우가 많기 때문입니다. 결국엔 하나님을 탓하게 되거나, 자신에게 내던 화가 결국 하나님에 대한 화나 실망으로 바뀌어 그분을 대하는 태도가 부정적으로 바뀌기도 합니다.

하나님께서는 자신을 올바르게 바라보고 사랑하는 법을, 그리고 그 과정에서 하나님을 사랑하는 법을 가르쳐 주고 싶어 하셨던 것 같습니다. 다른 이유가 없어도 제 자신을 사랑할 이유는 충분합니다. 하나님께서 창조하셨기 때문에 저는 하나님께 소중한 사람입니다. 하나님이 사랑하시는 자녀인 저를 올바른 방법으로 돌보는 일의 중요함을 배웁니다. 있는 모습 그대로 사랑하시는 하나님 아버지의 마음을 닮아 저 역시 자신을 있는 그대로 받아들이게 되기를 원합니다. 그리고 이와 함께 최선을 다하는 하루하루를 살아낼 용기와 능력을 간구합니다.

'나 자신을 사랑할 거야. 하나님이 주신 내 생명과 삶을 소중히 여길 거야'라고 결심해도 관점을 바꾸기는 쉽지 않지만 늘 기억하려 노력할 것입니다. 하나님께서 보시는 것처럼 자신을 바라보고 그만큼 소중하게 생각해야 한다는 것을 말입니다. 이제까지 자신을 혹독하게 몰아붙이며 너무

조급하게 가고 있었다면 조금만 천천히, 아니면 너무 느리게 가고 있었다면 하나님께 부끄럽지 않을 만큼 조금 더 부지런하게, 그렇게 균형을 잡아가며 하나님께서 주신 소중한 삶을 돌보고 가꿔가기를 원합니다.

예수님께서는 당신을 세 번이나 부인한 베드로를 책망하지 않으셨습니다. 저에게 그러셨던 것처럼 오히려 되물으셨습니다.

"네가 나를 사랑하느냐?"

세 번이나 똑같은 질문을 하셨지요.

"네가 나를 사랑하느냐?"

주님께서 저를 먼저 사랑하셨습니다. 제가 주님을 알기도 전부터, 제가 존재하기도 전부터 말입니다. 그래서 말씀해주십니다.

"나는 너를 사랑한단다."

그런 사랑 앞에 제가 자신을 사랑하지 않을 권리는 없습니다. 하나님을 사랑하는 과정을 통해, 그분의 사랑을 통해 저 역시 사랑하는 방법을 배워갑니다. 그리고 그에 맞는 책임감 있는 하루, 자신을 사랑하고 돌보는 하루를 살아낼 매일의 사명을 지켜야 합니다. 우리는 사랑받기 위해 태어났기 때문입니다.

2018년 7월 13일

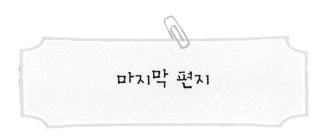

마지막 편지

May we be a shinning light to the nations.

Shining light to the people of the earth.

Until the whole world knows that Jesus Christ is Lord.

May your light be shone through us.

케냐 학교 교가

2017년 4월. 케냐 학교 첫날이었습니다. 월요 조회에서 교가를 부르는 학생들의 목소리를 들었던 순간이 기억납니다. 그리고 그때 하나님께서 부르신 자리라는 확신과 감동으로 천국을 소망하며 선교를 시작했습니다.

1년 3개월이 지난 지금, 어느덧 케냐에서의 부르심을 마무리하고 한국으로 돌아갑니다. 그동안 부족한 저를 위해, 또 아프고 아름다운 케냐를 위해 기도해주시고 사랑과 관심으로 응원해주신 모든 분께 감사를 드립니다. 그리고 무엇보다 하나님과 한 약속을 끝까지 지킬 수 있도록 저를 도우신 하나님 아버지께 감사를 드립니다.

학교 채플 시간

    모든 순간 속에 하나님께서는 저와 함께하셨습니다. 제가 이곳에서 만나왔던 학생들, 선생님들, 지나쳤던 이들, 보내는 선교사로 함께해주셨던 모든 분들께서 하나님을 비추는 빛이 되시기를 기도합니다. 이 세상이 하나님께서 주되심을 알게 되는 그날까지, 하나님 나라가 임하는 그 날까지, 꺼지지 않고 밝게 빛나기를 소망하며 마지막 선교 편지를 씁니다.

    모든 영광을 사랑하는 하나님 아버지께 드립니다.

2018년 7월 19일

주와 함께 가는 길
(AS we go forward)

"주님 이제 내가 교만한 마음을 버렸습니다. 오만한 길에서 돌아섰습니다. 너무 큰 것을 가지려고 나서지 않으며, 분에 넘치는 놀라운 일을 이루려고도 하지 않습니다. 오히려 내 마음은 고요하고 평온합니다. 젖뗀 아이가 어머니 품에 안겨 있듯이, 내 영혼도 젖뗀 아이와 같습니다. 이스라엘아, 이제부터 영원히 오직 주님만을 의지하여라."(시 131편)

선교지에 있는 기간 동안 느꼈습니다. 그곳에서 '내가 엄청난 하나님의 업적을 이루어내야겠다'라고 생각하는 순간 성공과 실패라는 갈림길 앞에 서게 된다는 것을. 선교지를 정리하며 '나는 실패자야'라고 생각하는 선교사님들도 많이 뵐 수 있었습니다. 과연 실패와 성공의 기준은 무엇이고, 어디에 눈높이를 맞추어야 하는 걸까요?

하나님께서 과연 우리의 실패와 성공을 어떻게 보고 계실지 궁금합니다. 그래서인지 요즘 'Doing(행위)'이 아닌 'Being(존재)'이라는 단어를 묵상하게 됩니다. 무언가 성취하려고 하는 우리는 과연 그 길 끝에서 어떤 존재가 되어 있을까요? 그 땅의 사람들에게 기억될 만큼 충분히 함께했던 존재라고 할 수 있을까요?

우리가 주어진 그 자리에 함께 머무르는 일을 중요하게 받아들일 때, 실패와 성공이라는 이분법을 뛰어넘는 존재의 깊이를 발견하게 될 것입니다. 그리고 그 속에서 하나님의 샬롬을 체험하며, 그 평안함 속에서 다른 사람들과 함께 울며 웃고 위로하는 삶이 펼쳐지지 않을까요.

그러한 삶이 예수님께서 이 땅에서 본이 되어 살아내셨던 삶이었다고 믿습니다. 사람들과 함께 하는 삶. 그리고 함께 머물러 있는 진정한 코이노니아의 관계.

지금 우리는 성공과 실패의 갈림길이 아니라, 주님의 길에 서 있습니다. 주님이 길이기에 그냥 따라 걸어가기만 하면 됩니다. 내가 무언가를 하려고 노력하고 그것을 성취하지 못해 힘겨워하지 마세요. 하나님께서 이루시는 가장 크고, 아름답고, 놀라운 일은 당신의 피조물인 바로 우리 자신이라는 사실을 항상 기억하시기를 기도드립니다.

2018년 7월 28일

4개월이라는 시간 동안

선교지에서 돌아온 저는 쉽지 않은 시간을 보내고 있습니다. 벌써 4개월이라는 시간이 흘러 어느덧 연말이 되었습니다. 한 해를 돌아보고 자신을 성찰하며 다음 해를 준비해야 하는 시간이 온 것입니다. 분명 작년 이맘때와 지금의 저는 많이 달라져 있지만, 세상적인 눈으로 보았을 때 오히려 더 작아지고 초라해진 것은 아닌지 걱정도 되는 연말입니다. 지난 4개월은 참 바빴습니다. 대학원 졸업을 위해 논문을 마무리하며, 미래를 위해 새로운 대학원을 향해 도전해보기도 했고, 오랜만에 시험을 위해 학원도 다녔습니다. 그런데 4개월이라는 배움의 시간은 참 고통스러웠습니다. 아무것도 없는 낯선 곳에서 처음부터 다시 시작하는 것 같았기 때문입니다. 선교지에서의 모습도, 선교지로 가기 전의 모습도 아닌 이방으로 세상을 만나고 있습니다.

정말 세상은 호락호락하지 않더군요. '잘 돌아왔어' '잘 마무리했어'라는 이야기를 많이 들었지만, '정말 나는 잘 돌아온 것일까, 마무리라는 것이 있을까…' 자꾸 질문들이 생겨났습니다. 이 기간은 하나님을 새롭게 만나는 시간이기도 했습니다. '그분은 어떤 분이신가, 그분에게는 무엇이 중요한가, 나는 그분께 어떤 사람인가….' 사실 이 질문들이 저의 마음을 가장 아프게 했던 것 같습니다.

선교지 사역을 마무리하고 오면 하나님께서 축복하시고 길을 열어주셔서, 제 스스로 자랑스럽게 있을 수 있는 다음 목적지가 열릴 거라고 기대도 했습니다. 또 한편으로는 '하나님을 위해 일하고 왔으니 나를 책임지실 거야, 평탄할 거야'라고 생각하기도 했던 것 같습니다. 그러나 더 쉬워질 줄 알았던 삶이 오히려 이전보다 더 어려워진 부분도 많습니다.

이렇게 여러 가지 면에서 지금까지 저의 4개월이란 시간은 마냥 행복하거나 평탄하지도 않았고, 오히려 혼돈과 절망의 순간들이 더 많았습니다. 그렇지만 한 가지 제 마음속에 새겨놓은 약속 하나는 꼭 지키려고 노력하는 시간이기도 했습니다. 어떤 상황에서도 하나님을 탓하지 않을 거라는 약속. 자신이 어떤 모습이 되더라도 제 선택과 책임이며 저의 한계일 뿐이라고 되뇌면서 말이죠. 그래서 꾹꾹 눌렀습니다. 슬플 때, 혼란스러울 때, 외로울 때, 다 그만두고 포기하고 싶은 상황들을 마주쳤을 때, 제 자신이 싫을 때…. 그 모든 순간을 그냥 마음속 깊이 꾹꾹 눌러서 애써 못 본 체해왔습니다. 잘못된 생각들이라며 용납하지 않았고, 그런 생각이 든다는 사실 자체만으로도 하나님께 죄송했습니다. 더 크게는 제가 자신과 약속했던 것을 어기게 될까 봐, 감사를 잃을까 봐 두려웠습니다. 제가 느끼는 감정들과 자신을 부정하면 하나님께 덜 죄송할 것만 같았습니다.

그런데 돌아보니 그런 과정에서 오히려 하나님과 더 멀어진 것은 아닐까라는 생각이 듭니다. 너무나 큰 짐들을 방 안에 밀어 넣어두고 그것들이 튀어나오지 않게 문을 꼭 잡고 있느라 두 손을 움직일 수 없기 때문에, 하나님께로 뻗을 손이 없는 상태라고 할까요. 그 모든 것들을 튀어나오지 않게 막아내는데 바쁘고 힘들어서, 거기에 시간을 쏟느라고, 하나님까지도 막아내고 있었는지 모르겠습니다. 진작 하나님께 가져갔다면, 그런 모습 또한 하나님께서 보듬어 주셨을 텐데 말이지요.

올해 8월, 선교를 마무리한 저는 일본에서 16년 동안 선교하신 선교사님을 만났었습니다. 그분과 교제하며 마음이 아팠던 이야기가 지금 떠오릅니다. "내가 일본인 선교사로서, 일본을 위해서 일본인이 되어야 하지는 않을까"라는 고민을 하셨다고 그러시더군요. 한국인이라는 사실에 죄책감이 들고, 잘못된 것 같아서 정체성에 혼란이 와도 자신과 가정을 일본 문화와 일본 사람들에게 맞추고…. 그 과정 속에서 상처와 절망도 많았었다고요. 그런데 그 선교사님께서 그 뒤에 하셨던 말이 이제 더 깊게 제 마음속에 울림으로 다가옵니다.

"나는 네가 일본인이 아니어도 괜찮아, 그냥 내 딸인 것으로 괜찮아."

"나는 네가 나의 딸인 것으로 충분히 행복하다. 그러니 괜찮아. 너의 모든 개성과 필요를 죽일 필요가 없어. 잘못된 것이 아니야."

하나님께서 선교사님에게 하셨다는 이야기가 제 마음을 계속 울리고 있습니다.

저를 케냐로 인도하시고 다시 한국으로 돌아올 수 있도록 동행하셨던 그 좋으신 하나님께서 제 존재의 근거가 되기를 바랍니다. 제 상황보다, 상태보다, 위치보다 그분께서 저의 영원한 아버지 되심을 잊지 않게 해달라고 기도합니다. 저의 꿈은 처음부터 하나님 나라였고, 지금도 그 꿈은 변함이 없습니다. 올 한 해를 마무리하며 감사만 하겠습니다. 참아내고 외면하는 감사가 아닌, 제 상태 그대로, 감정 그대로를 받아들이고 그러한 모든 상황에서도 기뻐하고 감사만 하겠습니다.

무엇보다 선교지를 떠나와서도 다시 글을 쓰도록 해주신 하나님께 감사를 드립니다.

2018년 12월 20일

하버드에서 온 편지

　　2019년 3월 1일, 매일 아침에 하는 습관대로 눈을 뜨자마자 이메일 체크를 하기 위해 휴대전화에서 메일 앱을 열었습니다. 매번 하던 대로 스팸 메일들을 스크롤 다운하며 졸린 눈을 비비다가 갑자기 눈에 띄는 한 단어 앞에 모든 동작이 멈추고 말았습니다. '발신: Harvard Graduate School of Education(하버드교육대학원).' 빨려들듯 오른쪽으로 옮아간 두 눈에 들어온 'Decision available(지원 결과 통보)'이라는 제목을 보는 순간, 온 세상이 멈춘 채 저만을 바라보는 것 같았습니다. 휴대전화를 조용히 내려놓고 일어나 책상 위에 놓여있는 컴퓨터를 켜고 이메일을 클릭했습니다. 무언가에 홀린 사람처럼 메일 속 'View Decision(결과 보기)' 링크를 한 치의 망설임 없이 클릭했습니다. 망설이는 순간 절대 열어보지 못할 것만 같았기 때문입니다. 두 눈에 한 단어만 들어왔습니다.

　　"Congratulations(축하합니다)!"

　　자리를 박차고 일어나 엄마를 찾았습니다. 눈물이 벅차

올라서 숨도 제대로 못 쉬는 모습에 놀란 엄마에게 말했습니다.

"엄마, 나 하버드 합격했대."

이미 눈물로 시야가 흐려지기 시작한 제 눈에 눈물이 고이기 시작한 엄마의 얼굴이 들어왔습니다. 엄마와 서로 끌어안고 한참을 그렇게 울고 말았습니다.

하나님은 제 삶에 마법을 가져오셨습니다. 있을 수 없던 마법 같은 일이 일어난 것입니다.

케냐에서 돌아온 뒤, 엄마와 커피를 마시며 덤덤하게 하던 이야기가 기억납니다. "엄마, 정말 내 삶에도 기적이 일어날 수 있을까? 말도 안 되는 기적 말이야. 홍해를 가르시는 모세의 하나님, 마른 뼈를 살리시는 에스겔의 하나님, 물 위를 걷게 하시는 베드로의 예수님…. 그런 그분을 체험하는 날이 나의 삶 속에도 있을까?"

케냐를 다녀온 뒤 지치고 메마른 마음은 마르지 않을 생수를 찾느라 분주했습니다. 진로를 고민하고 다양한 문을 두드리며 미래가 불투명한 날들을 보내며 생각했습니다. '아프리카에서의 시간만큼 의미 있고 소중하다고 느낄 수 있는 일을 찾을 수 있을까, 광야를 헤매던 이스라엘 백성처럼 반복되는 일상을 살게 되는 것은 아닐까….' 저는 하나님의 영광 속에 더 깊이 머물지 못할까봐 두렵기만 했습니다.

기도편지

세요, 반다혜입니다.

017년 4월부터 약 일 년 반 동안 아프리
나, 나이로비에 있는 기독학교에서 교육선
서 현지 아이들에게 연극과 뮤지컬을 지
, 영어를 가르치게 됩니다.

때 영어를 배우게 하시고, 대학에서 연극
공을 하게 하시고, 졸업하고는 교육대학
인도하신 하나님의 삶의 퍼즐 조각들이
하나의 그림으로 맞추어지는 것 같아 기쁩
기런 삶의 과정 속에서 오직 하나님 나라
ㅏ 사는 것이 소망이 없는 이 세상에서 무
큰 위로가 된다는 것을 알게 하신 하나님
께 감사와 영광을 드립니다. 한순간도 헛
ㅏ지 않으시는 하나님께서는 정말 멋진 분
다.

인생에서 가장 아름답고 젊고 중요한 시
나님 앞에 드려라." 라고 하시던 저의 아
말씀이 곧 제 신앙이 됐고 하나님께서는
제사를 현실로 만들어 가셨습니다. 삶 속
'큰 은총'으로 함께 하신 하나님의 사
금이라도 보답하고 싶습니다.

의 거룩한 나라가 그곳에 임할 수 있도록
품고 갑니다. 그리고 "볼지어다, 세상 끝
내가 너와 함께 하리라" 라고 말씀해주
님을 신뢰하고 갑니다.

|도해주시길 부탁드립니다.

니다.

기도제목

1. 성령님의 역사를 통해 학생들의 탁월함과 전문성이 키워질 수 있도록.
2. 학생들의 삶의 모든 영역에 기독교 세계관이 들어가고, 그들을 하나님께 응답하는 제자로 양육할 수 있도록.
3. 그 나라의 문화가 올바르게 회복되고, 문화를 통해 학생들을 일깨울 수 있도록.
4. 선교기간 동안 하나님의 동행하심과 지혜가 있고, 영육간에 강건하고 안전할 수 있도록.
5. 학생들을 친자녀들처럼 사랑하고 섬길 수 있도록.

첫 번째 선교 편지

아프리카에서의 시간이 끝나고 '제자리로' 돌아온 줄 알았지만, 삶은 엉키고 꼬여서 진로가 보이지 않았습니다. 다시 돌아가지도 앞으로 나가지도 못한 채 묵묵히 침묵의 시간을 견디는 일만이 허락된 것 같았습니다.

2019년 1월 9일, 하버드교육대학원 한 곳만 지원했습니다. 케냐라는 현장을 통해, 사랑하는 'Theater(무대예술)'와 한동교육대학원에서 배웠던 'Education(교육)'이라는 두

가지 요소가 하나님 나라와 세상을 연결해 줄 수 있는 통로라는 생각이 구체화되었기 때문입니다. 이곳의 'Art in Education(예술 교육)'이라는 전공을 발견했을 때 제 삶의 다음 단계라는 마음이 생겼습니다. 교육과 예술, 두 가지를 접목해서 공부할 수 있는 곳은 이곳밖에 없었습니다. 다른 학교들은 교육이나 예술, 둘 중의 한쪽에 치우쳐 있었습니다. 그렇게 하나님 안에서 품은 소망이었지만, 일부러 큰 기대는 하지 않았습니다.

그런데 원래 예정보다 한 달이나 빨리 기적의 하나님을 맞닥뜨린 것입니다. 잠잠히 머물러 있으라고 하셨던 하나님 약속의 실체를 보면서 경이로움과 말로 다 표현할 수 없는 벅찬 감사가 온몸을 흔들었습니다. 케냐에서 선교를 하며 남김없이 하나님에게 드렸다고 생각했을 때, 하나님은 한 번 더 순종을 요구하셨었습니다. 끝까지 꼭 움켜쥐고 있던 마지막 자존심 한 줌까지 원하시는 그분께 남아 있던 모든 것을 드리며 많이 울었었습니다. 그때 하나님께서 이렇게 말씀하셨지요.

"다혜야, 내가 너한테 선물을 주고 싶어서 그래."

한 번의 순종이 이렇게 놀라운 축복을 가져올 줄 전혀 예상하지 못했습니다. 하나님 앞에 잘한 것도, 거창한 무언가를 드린 것도 없는데, 제 삶 속에 일어난 기적 같은 사건의 이유는 무엇일까요? 그저 모든 순간을 하나님과 함께하고, 당신을 선택하려고 애썼던 것을 예쁘게 봐주신 것이 아닐까요. 가장 힘들고, 아름답고, 소중한 시간을 드렸다고 생각했지만, 오히려 하나님께서 함께해주셔서 제게 더 복된 시간이었습니다. 한데 하나님께서는 정말 은혜 위에 은혜를 더하셨습니다.

하버드는 하나님께서 주신 선물이기도 하지만, 그보다 더 귀한 것은 결코 포기하지 않으시는 하나님, 전능하신 하나님에 대한 분명한 증거를 보여주신 일입니다.

그렇습니다. 하나님은 당신을 위해 사는 사람들을 절대로 버리지 않으십니다. 아주 작은 순종도 너무나 기쁘게 받으시는, 놀랍도록 멋진 분이십니다. 전능하신 하나님은 저같이 평범한 사람도 그 나라를 경험할 수 있도록, 불가능과 제한이 없게 만드십니다. 이제 저는 자랑스럽게, 이보다 더 확실할 수 없을 정도로 고백할 수 있습니다.

"God is Magic!"이라고.

2019년 3월 1일

다른 어떤 곳이라도 주님의 집이 있는 곳으로
저를 움직여주시기를, 그곳이 내 집 이 되기를,
그래서 정말 내 하나님의 성전 문지기로라도
있을 수 있는 은혜를 더하여 주시기를 소망합니다.

Chapter 3
그 땅의 사람들

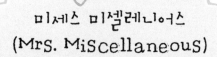

미세스 미셀레니어스
(Mrs. Miscellaneous)

우리 학교에는 올해 10년째 섬기고 계신 한 선교사
님이 계십니다. 그녀의 직함은 '미세스 미셀레니어스(Mrs.
Miscellaneous)'. 잡다한 모든 일을 가리지 않고 다한다는
의미에서 학교에서 지어준 별명입니다. 도서관에 있는 책
관리부터 모든 교실의 크고 작은 필요까지 신경을 쓰는 사
람입니다. 그녀는 학교에서 사용되는 인쇄 업무를 담당하
고 있으며, 채플 시간에는 찬양을 인도하고, 교장 선생님 비
서로 일하며, 1학년 아이들 요리수업과 미술수업까지 맡고
있습니다. 이 외에도 학교에서 필요한 수많은 업무가 그녀
에게로 흘러갑니다.

그녀는 8살과 1살짜리 예쁜 두 딸을 키우고 있는 엄마이
기도 합니다. 하지만 늘 두 딸에게 미안해합니다. 사생활
이 없어질 정도로 일을 하느라 자신의 아이들이 커가는 크
고 작은 모습들은 그저 그녀의 옆을 스쳐 지나가기 때문입
니다.

그리고 케냐에 온 지 10년이 지난 지금, 파송했던 교회에

서 어떠한 재정적인 지원도 받지 못하고 있는 상황입니다. 그래도 불만을 품지 않는 이유는 선교사로 주님의 일을 하기 때문입니다.

이제 삶의 터전이 되어버린 '선교지'는 그녀의 삶의 현장이기도 합니다. 이 부분이 단기 선교와 장기 선교의 가장 큰 차이점이 아닐까 싶습니다. 그녀의 집을 방문했을 때 믹서기, 전자레인지, 다리미 등 살면서 필요한 기본적인 물품들을 볼 수 없었습니다. 살 수 있는 형편이 되지 않기 때문입니다. 제대로 된 의료보험이 없어 돈이 모일 때까지 아파도 참고 견뎌야 합니다. 8살짜리 딸아이가 그렇게 가지고 싶어하는 자전거를 사줄 수 없을 정도로 사정이 어렵습니다. 물이 귀한 나이로비에서 차가 없어 매주 토요일 아이 둘과 남편, 모두 함께 물을 사러 마트에 장을 보러 갑니다. 주중에는 매일 아침 전쟁 같은 출퇴근 시간을 견딥니다. 집값을 아끼기 위해 학교에서 멀리 떨어진 동네에 살기 때문에 차로 1시간이 넘는 시간을 달려야 합니다.

선교사로 섬기다가, 세상의 흐름에 발맞춰 새롭게 시작할 기회를 놓쳐 버려 이제는 사회에 재적응하기 어려운 상황에 놓여있습니다. 그동안 낮은 곳에 섬기느라 나이 들고, 다른 '멋진' 커리어를 쌓지 못했기 때문에 옮길 수 있는 곳도 딱히 없습니다. 다른 '일'을 알아볼 수도 없습니다. 불공평한 상황을 그대로 꿋꿋이 참고 견뎌냅니다.

그녀는 자신의 마음을 가장 서럽게 하는 것이 소속감이

라고 합니다. 이제는 어느 나라에도 소속되어있다고 말하기 어려워졌기 때문입니다. 외국인이라는 신분 때문에 케냐에서 다른 나라로 쉽게 옮길 수 없고, 법적으로도 라이선스를 딸 수 없기 때문에 운전면허나 아이디 또한 없습니다. 고국으로 돌아가더라도 완벽하게 새로운 삶을 시작해야 하므로 돌아갈 힘과 용기도 없습니다.

위대하신 하나님의 소중한 일을 하는데, 삶이 너무 외롭고 고단하기만 합니다. 10년이란 선교 기간 동안 아끼고, 먹고 싶은 것을 참고, 정말 필요한지 한 번 더 고민하고, 그러다 보니 주위에 좋은 물건이나 환경은 없습니다. 그렇지만 곁에 남아있는 사람들을 봅니다. 어려움 속에서도 함께 있어 행복해 보이는 그 가족을 보며 참된 것은 하나님께서 이미 다 주셨다는 것을 깨달았습니다. 서로의 삶을 가득 채우고 있는 그 가족의 모습을 보며 그녀를 매일

아침 다시 한번 일어나게 만드는 비밀을 알 수 있었습니다. 사랑하는 남편이 있어서 감사, 아름다운 두 딸을 주셨으니 감사. 소박한 그들의 감사가 저의 마음을 울립니다. 그리고 하나님의 마음도 울릴 것이라고 믿습니다.

"너는 사람을 낚는 어부가 되어라"라는 주님의 명령에 순종한 그녀의 가족은 비록 믹서기나 다리미로 할 수 없는, 돈으로는 결코 환산할 수 없는 사람을 살리는 일을 하고 있습니다. 나를 돌봐주고 지켜주는 사람이 있는지 의심할 필요가 없는 것은, 나를 위해 싸워주는 사람이 아무도 없다고 느낄 때도 나를 만드신 그분이 변함없이 나를 사랑한다는 확신 때문입니다.

세상에서 버려졌다는 생각이 들 때마다, 그 어려움을 견뎌내는 그녀의 비결은 사랑하는 가족과 함께 하나님 나라의 시민으로 이 세상을 살아가는 것입니다. 나를 버리지 않으시고, 나를 위해 싸우시는 하나님을 믿기 때문에, 곧 돌아갈 우리의 원래 고향을 사모하며 하루하루를 살아갑니다. 잠시 머물다 가는 이 세상을 오히려 불쌍히 여기면서 말이지요.

2017년 11월 30일

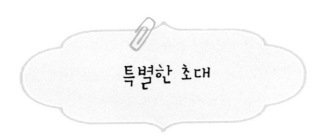

특별한 초대

선교사로 선교지에서 사역을 하지만 신앙생활을 잘 하기 어려울 때가 있습니다. 아이러니 한 일이지요. 하나님을 위해 헌신하려고 그 땅을 밟았지만, 생각지 못했던 여러 가지 요소들로 인해 예배를 드리고 주일을 지키기가 참힘이 듭니다. 저는 주일을 지키는 것을 다른 어떤 것보다 크게 생각했던 사람 중 하나였습니다. 그런 저 역시도 교회예배에 참석하는 것이 심리적이고 물리적인 부담으로 느껴진적이 많습니다. 그런 면에서 한인 교회를 찾아 다녀보라는 분들도 주위에 많이 계셨습니다. 그러나 한인 교회를 나가지 않겠다고 다짐했던 이유가 있습니다. 케냐에 온 이상 그선교지를 깊이 체험하고 그 사람들과 함께하기 위해서는 현지 교회에 가는 것이 더 바람직하다고 생각했고, 그래서 처음부터 현지인 교회에 정착하려 노력했습니다. 하지만 현실에서 겪는 어려움을 너무 얕봤나 봅니다. 많은 순간 하나님께 죄송했고, 교회 예배에 참석해서도 진정으로 제가 예배를 드린 것인가 질문했던 적이 많았음을 고백합니다.

그렇게 제가 과연 신앙생활을 잘 하고 있는지 고민을 하며 보내던 중이었습니다. 학교에 여느 때와 같이 출근해서 수업준비를 하고 있는데 뜬금없이 우리 반으로 R 선생님이 찾아왔습니다. 그리고는 들뜬 얼굴로 말했습니다,

"Miss Grace, I would like to invite you to my church this Sunday." (선생님, 이번 주일에 선생님을 저희 교회에 초대하고 싶어요.)

그녀의 말을 듣고는 교회에서 무슨 이벤트가 있는지 물었습니다. 세례식이라던지, 생일이라든지…. R 선생님은 제가 이미 나이로비 채플을 참석한다는 것도 알고 있는 사람이었고, 서로가 그리스도인임을 알고 있었음에도 무언가 새롭게 전도 받는 기분이 들었기 때문입니다. 그날 무슨 특별한 일이 있냐고 묻는 저에게 R 선생님은 꾸밈없이 웃으며 그냥 자기 교회가 너무 좋아서 꼭 저를 초대하고 싶다고 말했습니다.

교회가 좋다는 이야기를 들은 것은 정말 오랜만이었습니다. 그녀의 갑작스러운 초대에 저는 꼭 참석하겠다고 응했습니다. 부담이 되지 않았던 건 아닙니다. 외국인으로서 이목이 집중되는 새로운 환경에서 소개하고 인사하는 등 모든 과정이 걱정되었지만 R 선생님의 신이 난 얼굴을 실망시킬 수 없었기 때문에 가겠다고 했습니다.

약속했던 주일이 되어 선생님이 준 지도를 따라 교회에 도착했습니다. 사람들이 옹기종기 서 있는 작은 텐트 교회

였습니다. 팻말에는 'Muthangari Primary School(무탕가리 초등학교)'이라고 적혀있었습니다. 그리고 그들 속에서 조금 늦게 도착한 R 선생님을 만났습니다.

"You really came! You came." (정말 와 주었군요! 와 주었어요.)

저를 보고 달려와 안아주며 R 선생님이 눈물이 그렁그렁한 얼굴로 와 줘서 너무 고맙다고 말하는 것이었습니다. 그녀의 얼굴을 보는 순간 '이런 마음이 전도하는 마음이겠구나'라고 느꼈습니다. 그리고 그날 저는 정말 오랜만에 처음 주님을 만나는 마음으로 예배를 드릴 수 있었습니다. 제가 외국인이라는 것을 잊고, 수많은 케냐인 사이에서 친구인 R 선생님과 함께 말입니다.

예배 후 저는 Karibu Center(웰컴 센터)에 가서 목사님들과 새신자를 환영해주시는 분들과 점심식사를 하며 교회에 관한 이야기를 들었습니다. R 선생님의 교회는 본래 제가 다니고 있는 나이로비 채플에서 시작된 작은 지교회로, 시작한 지 약 2년 정도 되었는데 현재 200명 정도 되는 교인이 참석 중이라고 합니다.

나이로비 채플에서 지교회를 파송한 이유가 바로 '학교를 새롭게 하는 사역'을 위해서였습니다. 정부의 부정과 부패로 인해 버려지고 무너져가는 공립 학교들을 새롭게 하기 위해 나이로비 채플에서는 목사님들과 교인들을 학교들로 파송하는 것입니다. 학교에 들어가야 할 돈을 중간에서 가져가는 정치인들과 관련자들 때문에 재정과 후원이 끊긴 대부분의 나이로비 공립 학교들에는 물, 안전장치, 울타리, 비품 등 아무것도 없습니다. 무탕가리(Muthangari) 학교 같은 경우에도 교실 벽이 허물어지고 녹슬고 물이 없어 학생들이 화장실도 사용하지 못하는 상태였다고 합니다. 이런 학교들에 나이로비 채플이 들어와 페인트칠도 해주고 수도시설도 설치해 주고 학생들이 공부할 수 있는 색연필, 연필, 크레파스 등 다양한 지원을 하고 있습니다. 주일 예배를 드리고 렌트비 또한 지원해줍니다. 이런 학교와의 협업을 통해 장기적으로는 40% 이상 되는 재정적으로 어려운 가정의 아이들에게 보다 나은 교육 환경을 제공해주고 복음 전하기를 원했습니다. 사역 담당 목사님이 말씀하셨습니다.

"We aim to add christian value to school by partnering with them." (우리는 학교와 좋은 파트너십을 만들어 기독교 세계관을 정착시키는 목적을 가지고 있습니다.)

그들의 열정과 사역을 직접 듣고 보며 교회를 사랑하시는 예수님께서 기뻐하시는 사역이라는 마음이 느껴졌습니다. 그 주일날, 저는 케냐에서 얼마 남지 않은 시간 동안 참석할 수 있는 주님의 공동체와 사람들을 만날 수 있었습니다.

창립 멤버인 R 선생님은 자신이 주일학교 시간에 아이들이 사용할 수 있는 재료와 소품을, 그리고 12살 아이들의 소그룹을 담당하고 있다며 기쁜 표정으로 설명해주셨습니다.

주중에는 싱글 맘으로 입양한 딸아이와 2학년 학생들의 엄마 역할을 하는 그녀가 주말에는 더 많은 아이의 영적 어머니로 섬기고 있다는 말에 저는 바닥까지 겸손해졌습니다. 그녀의 헌신에 할 말을 잃은 저에게 그녀가 웃으며 말했습니다.

"There was no one to serve Sunday school and I just figured that's something I can do!" (주일학교를 섬길 사람이 없었는데, 제가 할 수 있는 일이라고 생각했어요!)

섬김에도, 예배에도 다 자신에게 주어진 몫이 있다는 것을 깨달았습니다. 아무도 나를 대신해서 주님을 찬양할 수 없습니다. 하나님께서는 딱 한 사람, '나'를 창조하셨기 때문입니다. 그래서 주님은 이 세상에서 오직 하나뿐인 나에게서 찬양받기를 원하십니다. 아무도 나를 대신해줄 수 없기 때문입니다. 주일날 교회에 간다는 것은 매우 특별한 주님의 초대임을 R 선생님을 통해 다시 한번 깊게 깨우쳤던 주일이었습니다.

2018년 6월 3일

이 땅의 멜모들을 위하여

멜모를 위해 글을 씁니다.

사랑하는 친구이자 존경하는 선배 선교사인 멜모는 2017년 12월 4년간의 케냐 선교 일정을 마무리하고 다시 고향인 미국 캘리포니아로 돌아갔습니다. 선교지에서 떠난 그녀는 '평상시' 생활로 돌아갔지만 전혀 평범하지 않은 삶을 살아갑니다. 매일 잠에서 깨어 일어나고, 숨을 쉬고, 밥을 먹고, 사람들과 이야기하고⋯. 그런 평범한 생활을 하기 위해 많은 노력을 합니다. 케냐에서 겪었던 말로 설명할 수 없는 아픔들과 어려움이 고스란히 남아있기 때문에 그렇습니다.

사랑하는 사람들에게 지속적으로 당한 상처, 파송 받았던 교회에서 재정후원이 끊어지면서 느꼈던 재정적·정서적 고통, 외국인으로서 겪었던 외로움, 선생님으로 섬겼지만 앞으로 선생님의 길을 걸어가지 않겠다고 마음을 먹은 뒤 찾아온 상실감. 그리고 이 모든 일에 대해 침묵하고 머무르라고 하셨던 하나님⋯. 멜모의 상처는 어쩌면 오랜 기간 치유되지 않고 아플지도 모르겠습니다.

저는 아직도 그녀를 이해하기 어렵습니다. 제가 오기 전까지 3년이라는 긴 시간을 어떻게 혼자서 케냐에서 보낼 수 있었는지, 살아냈는지 말입니다. 같은 나이 또래도, 동족도 없는 이곳에서 사람을 그렇게 좋아하는 그녀가 어떻게 외로움을 참아냈는지 상상할 수가 없습니다. 하루 일과를 나누고, 상하고 다친 마음을 다독여줄 수 있는 친구가 멜모였던 저와는 달리 그녀는 혼자 긴 싸움을 했습니다. 지금 돌아봐도 저는 그녀에게 받기만 했던 것 같습니다. 그녀가 앞서 걸은 길을 따라가기만 하면 되었기 때문입니다. 멜모가 많이 보고 싶습니다. 지금도 멀리 있는 그녀와 자주 연락을 취하고 있습니다. 함께 생활한 짧은 시간 동안 저희 사이에는 깊은 신뢰와 사랑이 생겨난 것 같습니다.

그녀는 자신의 삶만 멈춘 것 같은 기분이 든다고 자주 이야기하고는 합니다. "주변의 알던 사람들은 이제 직장에서 새로운 동료들과, 가정에서 남편과 아이들과 살아가고 있어. 그런데 미국으로 돌아온 나는 4년 전과 같은 자리에서 훨씬 더 나이 드신 부모님과 함께 살고 있을 뿐이야."

케냐에 있는 학교도 그녀가 미국으로 돌아간 뒤 시간이 멈춘 것 같습니다. 마치 그녀의 큰 빈자리를 아무도 채울 수 없는 듯, 그녀의 손길이 닿았던 모든 부분들이 그대로 남아 있습니다. 멜모는 단순한 미술 선생님이 아니었습니다. 필요에 따라 학생들 사진을 찍어주는 사진작가, 학교 포스터 등 다양한 홍보 자료들도 만드는 그래픽 디자이너, 학교 동아리를 이끌며 모금 활동을 벌여 고아원에 기부하도록 하는 특별활동 지도교사, 졸업하는 학생들을 위해 인턴십 자리를 연결해주는 산학협력담당자, 매년 나오는 학생들 졸업 앨범 편집자 등 학교에서 필요한 다양한 역할들을 감당하는 존재였습니다. 이 외에도 학교 도서관 인테리어 디자인, 서랍과 책상 등 각종 교구 페인트 색깔 정하기, 학교 채플홀 지붕 만들기 프로젝트, 학교의 모든 커튼들 고르기, 학교 웹사이트의 웹디자인과 글귀, 벽에 걸려있는 학생들의 아트 워크까지 꾸미며 그야말로 학교와 함께 했습니다. 그녀의 흔적이 안 보이는 공간이 없을 정도로 멜모의 손길은 지금도 학교를 가득 메우고 있습니다.

아무도 몰랐습니다. 그렇게 다양하고 많은 일들을 이뤄놓았다는 것을, 그녀의 빈자리가 이렇게 클 줄을 말이지요. 학교 구석구석 멜모의 흔적이 이렇게 많이 남아서 남겨진 사람들에게 아쉬움과 그리움을 주게 될 줄 몰랐습니다. 조금 더 빨리 알았다면 떠나가기 전에 한 번 더 격려해주고, 안아주고, 웃어주고, 맛있는 대접을 할 수 있었을 텐데. 많은 선생님들과 학생들을 뒤로하고 떠난 그녀가 남기고 간 선물들을 보며 멜모를 기억합니다. 잊지 않는 것이 우리가 할 수 있는 최고의 선물이자 유일한 선물이기 때문입니다.

선교지를 떠난 선교사들에게 새로운 비전을 주실 하나님을 신뢰합니다. 그리고 그 헌신을 반드시 기억하시고 간구를 들어주시기를 기도하고 있습니다. 세상은 알아주지 않아도 하나님은 우리를 버리지 않으시기 때문입니다.

　최근 멜모는 한 비영리 단체에서 파트타임 일을 시작했습니다. 이 회사는 인사말 카드 등 고급 편지류를 판매하는 회사인데, 이곳에서 파는 모든 제품에 사용되는 종이는 성매매로부터 구조된 필리핀 여성들에 의해 만들어지고 있습니다. 그 여성들에게 일자리를 주기 위해, 또 생활을 돕기 위해 만들어진 회사입니다. 멜모는 일주일에 2~3번씩 출근해 이 단체를 돕고 있습니다. 그리고 보람을 느끼고 있습니다.

"I am still praying and wondering every single day what steps I should take next. There's so many ways to do good and help others in meaningful ways. But I am still largely uncertain of what I can do with the experience and skills I have and how that intersects with a need in the world. I mostly want to trust that God will show me what that is supposed to be, but I have huge painful and miserable doubts to work through with my faith." (나는 기도하며 매일 다음 발걸음을 어디로 옮겨야 할지 고민하고 있어. 선을 행하며 의미 있는 방식으로 다른 사람들을 도울 수 있는 방법은 너무나 많아. 그렇지만 내가 했던 경험이나 기술로 할 수 있는 것과 이 세상의 필요가 만나는 일자리와 방법에 대해서는 명확한 확신이 없어. 하나님께서 그 방법이 무엇인지 보여주실 것을 믿고 싶지만 내

안에 너무 고통스럽고 비참한 의구심도 많이 드는 것 같아.)

왜 하나님께서 4년이라는 긴 시간 동안, 가장 젊고 예쁘고 할 일 많은 20대를 케냐에서 보내게 하셨는지 아직 멜모를 향한 분명한 대답은 없습니다. 하지만 이곳 학교의 학생들과 선생님들의 마음에 그 헌신은 너무 분명하게 남아있습니다.

아직도 사람들을 돕는 일에 자신의 삶이 쓰이기를 바라는 그녀를, 하나님께서 기이하고 전능하신 손길로 도와주시길 기도합니다. 비참하고 고통스러우면서도 주고 또 쏟아부으며 선을 행하는 일에 동참하는 이 땅의 수많은 멜모들을 위해 함께 기도해주시기를 간절히 부탁드립니다. 치유와 은혜를 위해서, 그리고 이 세상이 줄 수 없는 평안을 위해 기도하며 친구 멜모가 그리운 저는 이 편지를 마칩니다.

2018년 4월 6일

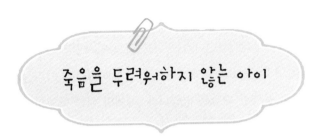

죽음을 두려워하지 않는 아이

　　새로운 학기를 시작하고 두 번째 주 월요일. 급작스럽게 교장 선생님 사무실로 소집되었습니다. 그리고 약 30분 뒤, 저는 초등학교 4학년 담임이 되어서 방에서 나왔습니다. 제가 섬기고 있는 학교에서는 담임 교사를 호칭할 때 '클래스 티처(Class Teacher)'라는 용어를 사용합니다.

　클래스 티처는 아이들의 학교 공부 이외에도 영성 교육도 함께 책임집니다. 그래서 매일 아침, 아이들이 수업을 시작하기 전에 함께 모여서 20분 동안 아침 큐티 시간을 갖습니다. 담임이 돼서 학생들과 맞은 첫 큐티 시간에 아이들에게 돌아가며 각자 삶에서 걱정하는 것에 관해 이야기를 해보자고 말했습니다. 그런 크고 작은 걱정들을 하나님께 어떤 방법으로 맡길 수 있는지 나누고 싶었습니다. 그런데 아침 큐티가 거의 끝나갈 때쯤, 시드니(Sidney)라는 여자아이가 조심스럽게 물었습니다,

　"Miss Grace, can we talk about fears next time?" (선생님, 다음 시간에 두려움에 대해 얘기해도 괜찮아요?)

그러고 보니 지금까지 학생들에게 수업 시작하기 전과 후에 기도 부탁을 했을 때, 아이들이 늘 하던 기도의 첫 마디가 문득 생각났습니다,

"Dear God, thank you for the gift of life." (하나님, 생명을 선물로 주셔서 감사합니다.)

아직 10살밖에 되지 않은 어린 학생들의 "생명을 선물로 주셔서 감사합니다"라는 기도는 이곳 케냐에서 더욱더 무겁게 다가옵니다. 그렇습니다. 이곳 학생들은 오늘 살아있는 것에 대한 감사로 기도를 시작합니다. 살아있는 것에 대한 감사는 그만큼 케냐가 위험하다는 말이기도 합니다. 내일이 보장되지 않는 현실, 자신과 가장 가까운 누군가가 갑자기 삶에서 사라질 수 있다는 두려움이 숨겨져 있습니다. 그래서 알았습니다. 제가 학생들과 나누고자 했던 '성경'의 주제들이 어쩌면 이들의 삶에 비해 가벼울 수 있다는 것을, 아이들이 이미 훨씬 더 깊고 어두운 삶을 매일 마주하고 있다는 것을 말입니다. .

"How about you guys take turns with leading devotions? You can choose any topic you'd like to share." (너희들이 차례대로 돌아가면서 큐티를 인도해보는 것은 어떨까? 함께 나누고 싶은 주제를 골라서.)

저의 제안에 아이들의 얼굴이 환해졌고 시드니가 첫 번째 순서를 맡게 됐습니다. 그날 저녁 저는 제가 큐티를 준비할 때보다 더 두렵고 무거운 마음으로 기도했던 것 같습니

다. '아이들에게 이 시간을 맡긴 것이 과연 잘한 일일까, 10 살 아이들이 얼마나 깊이 있게 말씀을 나눌 수 있을까, 과연 그들을 영적으로 교육하는 데 이 방법이 효과적인 것일까…'

복잡한 마음으로 다음 날 아침 큐티 시간을 맞았습니다. 무슨 일이 일어날지 도무지 예상할 수 없고 기대보다 불안감이 더 큰 순간이었습니다. 그런데 교실에서 만난 시드니의 얼굴에서 어른 못지않은 심각함이 느껴졌습니다. 아이들이 다 도착하자 시드니는 간단하게 시작 기도를 한 뒤 옹기종기 앉아있는 학생들을 향해 조용히 질문했습니다.

"Who has a fear of death?" (죽음이 두려운 사람?)

순간 정적이 교실을 가득 채웠습니다. 그리고 곧 모두의 손이 하늘을 향해 올라갔습니다. 뭐라고 답해야 하지요? 10살짜리 아이들이 든 손을 바라보며 저는 뭐라고 해야 할까요?

"Who has lost someone from death?" (죽음으로 누군가를 잃은 사람?)

모두의 손이 한 번 더 하늘로 올라갔습니다. 제 손만 힘없이 떨어져 있었습니다. 시드니는 학생들을 한 사람씩 불러가며 이야기를 나눠보자고 초청했습니다.

"I lost my dad. He was killed on the road while he was driving the car. Some men just came and killed him." (아버지를 잃었어. 차를 운전하고 가시다 살해당하셨어. 어떤

남자들이 와서 죽였어.)

"I lost my grandmother." (할머니를 잃었어.)

"I lost my friend. while she was walking she fell and hit her head and died." (친구를 잃었어. 걸어가다가 넘어져서 머리를 다쳤거든. 죽었어.)

"I lost my favorite puppy." (가장 아끼던 강아지를 잃었어.)

"I lost my aunt and uncle. I lost my cousin during the election season." (나는 고모랑 삼촌, 그리고 사촌을 선거 때 잃었어.)

아이들의 입에서 쏟아져 나오는 가슴 아픈 이야기들은 제가 상상하지 못할 만큼 깊은 삶의 그늘을 담고 있었습니다. 지금까지 마음에 담고 있던 무거운 짐들을 토해내듯 아이들은 두려움, 누군가를 잃은 슬픔, 하루아침에 가까운 사람을 떠나보냈을 때 느꼈던 감정 등을 자신의 이야기에 녹여서 말하고 있었습니다. 시간이 한참 지나도록, 제가 제지하지 못할 만큼 나누었습니다. 교실 안은 엄숙해졌지만, 학생 모두가 보이지 않는 손을 잡고 있는 것처럼 엄청난 공감대가 형성되었습니다.

시드니의 다음 질문은 이것이었습니다.

"Who has seen how many people are crying at funerals?" (장례식장에서 얼마나 많은 사람이 울고 있는지 세어본 사람?)

많은 사람이 울고 있었다고, 아무도 웃는 사람이 없었다고 아이들은 대답했습니다. 슬픔이 가득했다고 말이지요. 고개를 끄덕끄덕하던 시드니가 또 다른 질문을 했습니다.

"Who has seen the news about Chris Msando who died at this past election?" (이번 선거 시기에 살해당한 크리스 음산도의 뉴스를 본 사람?)

크리스 음산도는 이번 선거 기간에, 권력을 장악하고 있던 정권에 의해 살해당한 선거관리위원회(Independent Electoral and Boundaries Commission)의 정보 통신 시스템(Information and Communication System) 책임자였습니다. 케냐의 정치 상황까지 세심하게 지켜보며 긴장하고 있는 10살 아이들은 어떻게 된 것일까요. 누가 대통령이 되느냐에 따라 삶의 질이 달라지고, 얻는 것과 잃는 것이 달라지기 때문입니다. 자기 부족이 정권을 잡는다면 자기 가족들은 살겠지만 다른 부족 친구들이 위험해질 수 있습니다.

시드니는 TV에서 그의 가족들이 슬퍼하는 모습을 보면서 같이 울었다고 말했습니다. 이 아이들은 어리지 않습니다. 두 손으로 나이는 셀 수 있을지 모르지만 이미 셀 수 없는 만큼 슬픔과 고통, 그리고 사랑하는 사람들을 떠나보낸 아픔을 겪었습니다. 이 순간 저는 학생들 앞에 선생님으로서 있지만 바닥에 떨궈진 손처럼 아무 힘이 없음을 절감했습니다. 제가 감싸줄 수 없는 아픔, 모르는 아픔을 위로해줄 말도 지켜줄 방법도 없는 것처럼 느껴졌습니다. 침묵하고 있는 저의 옆에서 시드니는 이렇게 아침 큐티 시간을 마무리했습니다.

"I want to say that there are so many deaths around us and it makes me scared sometimes and sad sometimes. But I want to say that let's not be scared because we have heaven to look forward to." (우리 주위를 너무 많은 죽음이 둘러싸고 있어서 무섭기도 하고 슬프기도 하지만 오늘 하고 싶은 말은 우리는 천국을 기대할 수 있으니까 두려워하지 말자는 거예요.)

천국이 있기 때문에 두려워하지 말자, 우리에게는 천국이 있기 때문에 다시 만날 수 있으니 조금만 슬퍼하자고 그렇게 마지막으로 함께 기도했습니다. 제가 진행했던 아침 큐티 시간보다 훨씬 더 깊은 감사와 함께 말이지요.

"Dear God, Thank you for the gift of life." (하나님, 생명을 선물로 주셔서 감사합니다.)

2017년 9월 29일

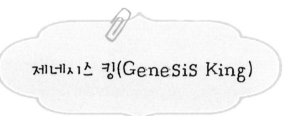

제네시스 킹(Genesis King)

"You're the new year 5 teacher? I'm so sorry. You have Genesis." (새로 온 5학년 담임이시라고요? 아… 안됐네요. 제네시스가 반에 있다니.)

학교에서 동료 선생님들에게 가장 많이 들었던 말입니다. 제가 맡고 있는 5학년 학생 중에 모든 선생님과 부모님이 두려워하는 학생이 있습니다. 그 학생의 이름이 바로 '제네시스 킹(Genesis King)'입니다.

학기 초 학생들을 직접 만나기 전에는 이 유명한 제네시스라는 학생이 괴물이라도 되는 줄 알았습니다. '선생님을 무시하고, 공부에 관심도 없다니, 다루기 힘든 비행 청소년 같은 스타일인가….' 그런데 신기하게도 제가 첫날 직접 만난 '제네시스 킹'은 너무나 사랑스러운 아이였습니다.

"Miss Grace! is that an IPhone? Is that an iPhone X?" (선생님! 선생님 핸드폰 아이폰이에요? 아이폰 엑스에요?)

"Miss Grace! Look what I drew in art!" (선생님! 제가 미술 시간에 그린 것 좀 보세요!)

"Miss Grace, Owen and Talel are jumping on the lockers!" (선생님, 오웬이랑 탈렐이 사물함 위에서 뛰고 있어요!)

"Miss Grace, What's for lunch today?" (선생님, 오늘 점심 메뉴는 뭘까요?)

"Miss Grace, Did you read my homework?" (선생님, 제 숙제 읽어보셨어요?)

"Miss Grace, I have a headache." (선생님, 저 두통이 있어요.)

'선생님을 무시하기는, 무시 좀 해줬으면 좋겠다.'

제네시스는 매시간, 매 과목 사이사이 저에게 굳이 찾아와서 그날 있었던 일과 자신의 모든 상태를 보고하는 과도하게 명랑한, 화내다가도 웃을 수밖에 없게 만드는 그런 아이였습니다.

"Genesis, Go to class." (제네시스, 수업 가렴.)

"Okay"라고 대답은 찰떡같이 해놓고 1분도 안 돼서 다시 들려옵니다.

"Miss Grace, I have a question(선생님, 저 질문이 있어요)."

제네시스 특유의 목소리가 말입니다. 주위에서 하도 문제아라고 해서 별로 정이 가지 않는 아이라고 예상했었습니다. 제네시스는 2학년 때 이 학교에 처음 왔습니다. 자신의 마음에 안 들면 교실 안에서 일부러 실례도 하고, 욱해서 다

른 학생들 목을 조르고, 소리 지르고, 쉽게 교실에서 뛰쳐나
가고, 수업을 땡땡이치는 게 일상인 제어가 안 되는 아이였
다고 합니다. 한 해 한 해가 지나면서 많이 좋아졌다고 하지
만 여전히 어려움이 많은 아이입니다. 그렇지만 아이가 가
지고 있는 모든 문제에도 불구하고, 제네시스는 신기하게도
제가 가장 아끼고 좋아하는 학생으로 자연스럽게 마음에 자
리를 잡았습니다.

또 다른 반전이 있다면 무엇보다도 제네시스는 정말 똑
똑하다는 것입니다. 많은 선생님들이 수업 시간에 떠들고
선생님 말을 안 듣는다, 해야 할 것을 하지 않는다는 이야기
를 하시면서 제네시스가 수업을 따라가지 못해서 쉽게 심심
해하고 집중을 못하는 것이라고 하셨습니다. 그러니 그 애
에게는 쉽게 가라고 조언해주시고는 했습니다. 그런데 제
가 본 제네시스는 수업을 못 따라오는 것이 아니라 흥미 유
발이 중요한 아이였습니다. 도전 정신을 줄 수만 있다면 의
도하는 대로 수업을 따라올 수 있다는 것을 깨달은 저는 제
네시스에게 더 어렵고 복잡하고 도전적인 과제를 내주었습
니다. 일단 흥미를 붙이면 이틀 밤을 새서라도 과제를 완성
해오는 열정 있는 학생이었습니다.

"How is Genesis these days?" (요즘 제네시스는 어떤가
요?)

이전에 제네시스를 가르쳤던 담임 선생님들이 점심시간
에 비꼬듯 물어오면 저는 그들의 황당하다는 표정을 뒤로하

고 이렇게 대답합니다.

"I love Genesis!" (저는 제네시스가 좋아요!)

이제 제네시스를 알아간 지도 8개월이 다 되어갑니다. 그리고 그 시간 동안 새롭게 알게 된 사실이 많이 있습니다. 제네시스의 어머니는 케냐에서 큰 의류 브랜드를 운영하는 사장입니다. 그래서인지 늘 제네시스는 운전기사와 함께 등하교를 합니다. 바쁜 어머니처럼 아버지 역시 제네시스와 그의 어머님의 삶에 존재하지 않습니다.

수업 시간마다 찾아오는 그 아이는 그저 자신의 하루와 자신에 대해 누군가와 대화하고 싶었는지도 모르겠습니다. 아무리 사소하고 중요하지 않은 이야기라도 함께 이야기해 줄 사람, 그리고 자신에게 관심을 줄 사람이 그리워서 찾아 오고는 했다는 사실을 이제는 압니다.

제네시스를 통해 그리고 케냐에 와서 새롭게 알게 된 단어가 있습니다. 'Shadow Teacher(그림자 선생님)'라는 말입니다. 이곳에 와서 처음 들어본 직업이었습니다. 수업 시간, 점심시간 등 학교의 모든 활동 내내 제네시스 곁을 늘 따라다니며 그 아이를 지켜보는 선생님을 그렇게 불렀습니다. 제네시스 외에도 공부하는데 'ADD(주의력 결핍 장애)'나 분노 장애 등 어려움이 있는 아이들 곁에 붙어 다니는 몇 분의 그림자 선생님이 학교에 계십니다. Shadow, 그 사람의 그림자가 되는 것입니다.

제네시스는 늘 그 선생님을 따돌리고 최대한 멀리하고

싫어했습니다. 제네시스의 소지품, 숙제, 가방 등을 챙겨주기도 하고 다른 학생들과 문제를 일으키지 않고 수업에 집중하도록 도움을 주기도 하지만, 사실 자신이 평범하지 않고, 문제가 있다는 것을 지속적으로 생각나게 하는 사람이었기 때문입니다. 같은 반에 있는 다른 학생들은 아무도 그림자 선생님이 없는데 자신에게만 있다는 것을 제네시스는 너무 잘 알고 있었습니다. 그래서 제 수업 시간에는 제네시스의 그림자 선생님에게 휴식을 드렸습니다. 그리고 매주 금요일에 있는 클럽 활동 시간에서도 말입니다.

우리 학교에서는 매주 금요일 마지막 시간에는 학생들이 학교에서 제공하는 동아리 활동을 한 가지 선택해서 참여하게 되어있습니다. 요리(Cookery), 이야기 듣기(Story Telling), 농구(Basketball) 등 다양한 활동들이 있는데 저는 4~6학년 드라마 클럽을 운영했었습니다. 클럽 활동 첫날, 저는 17명 정도 되는 학생들 사이에 제네시스도 앉아있는 것을 보고 놀라서 물었습니다.

"Why did you join Drama Club?" (드라마 클럽은 왜 선택한 거야?)

당연히 스포츠를 선택할 것만 같았던 그 아이는 이렇게 대답했습니다.

"Because I didn't want to move to another class for clubs. I wanted to stay in Year 5 Room!" (클럽 활동 시간에 다른 반으로 옮기기 귀찮아서요. 우리 반에 쭉 있으려고요!)

다른 반으로 옮겨가기 귀찮아서 있었다는 제네시스는 퉁명스러운 대답과는 다르게 한 학기 동안 정말 열심히 드라마 수업에 참여했습니다. 대사도 열심히 외우고, 화장실 가겠다는 이야기도 안 하고 말이죠. 대본을 까먹고 안 가져오는 날도 많았지만, 다른 아이들과 함께 하는 법을 자연스럽게 배워갔습니다.

드라마 클럽의 주목적은 학교 크리스마스 공연 준비였습니다. 제네시스가 있으면 방해된다고 내보내라고 말하던 학생들 앞에서 저는 제네시스에게 비중이 큰 역할을 주었습니다. 학기 말이 되어 크리스마스 프로덕션이 올라가던 날, 셰프 역할을 맡은 제네시스에게 헤드 마이크와 셰프 모자, 가운 등을 입혀주며 말했습니다.

"You got this." (너한텐 껌이야.)

"I got this. But I'm so nervous." (저한텐 껌이에요. 그런데 너무 떨려요.)

무대 오르기 직전까지 열심히 대사를 외우던 제네시스는, 떨리는 목소리로 태어나 처음 해보는 뮤지컬 노래도 잘 마치고 대사도 성공적으로 멋지게 마무리하였습니다. 그 아이의 떨리는 표정과 자랑스러워하는 제네시스 어머니의 환한 얼굴을 처음 본 것 같습니다.

바빠서 학교에서 통 볼 수 없었던 제네시스의 어머니께서도 공연에 참석하셨습니다. 그리고 공연이 끝나고 눈물 흘리는 모습을 뒤에서 조용히 지켜봤습니다. 어머니는 공연이 끝나고 나가시면서 저의 손을 꼭 잡아주셨습니다. 그리고 말씀하셨습니다.

"Thank you Miss Grace." (감사합니다 선생님.)

그 뒤로는 우리 반에 크고 작은 발표회나 공연이 있으면 꼭 참석하셔서 새로 사신 아이폰 X로 아들의 모습을 찍어가십니다.

"Build the right confidence, and false confidence of this world does not have a chance against your children. Every single day is your chance as a parent to start over and do the right thing." (올바른 자존감을 키워주세요. 그러면 이 세상이 주는 가짜 자존감은 상대가 되지 못합니다. 매일매일이 하나님께서 부모로서 올바른 일을 할 수 있도록 주시는 기회니까요.)

제가 다니는 나이로비 채플의 닉(Nick) 목사님께서 부모님들에게 하신 말씀입니다. 사랑하는 제네시스에게 그런 올바른 자존감을 키워줄 수 있는 그림자 같은 선생님이 되기를 기도하며 편지를 마칩니다.

2018년 3월 16일

어른 아이 vs. 작은 어른들

아이들과 함께 보내는 시간이 쌓여가면서 한 가지 배운 점이 있다면 그들이 절대 어리지 않다는 사실입니다. 아직 모르는 것들은 있지만 대부분의 우리 학생들은 미숙하지 않습니다. 키 작은 어른들로서 자기감정을 이해하고, 다른 사람들의 감정을 이해하는 능력이 뛰어납니다. 그래서일까요, 상처도 참 잘 받습니다.

그런데 막상 어른이 되면 신기하게도 왜 그 기억들을 잊고 아이들을 대할 때가 많을까요? 어른들도 똑같이 상처를 참 잘 받는 사람들이기 때문일까요, 아니면 상처에 무감각해져서일까요? 어른들이 아이들을 사랑하는 마음에서 혼내지만, 그 순간 인격적으로 모욕을 받았다고 느끼거나 상처받는 학생들이 있다는 생각이 들었습니다. 저 역시 '당연히 혼낼 수 있는 것이 아닌가'라는 생각이 선생님이라는 자리와 함께 무의식중에 자리 잡고 있었던 것 같습니다. 저 때문에 속상해서 울었을 아이, 상처받고 마음의 문을 닫은 아이…. 하나님께서 만나게 하신 아이들을 인내심과 사랑으로 대해야 하는데 그렇지 못할 때가 많았던 것 같습니다. 가끔은 별것도 아닌 것으로 왜 이렇게 쪼잔하고, 유치한 사람이 되는지 아이들 앞에서 뒤늦게 부끄러움을 느낀 적도 많았습니다.

교육 현장, 특히 학교에서 일하며 저는 아이들을 지켜주고 사랑해주고 보듬어주어야 하는 선생님들이 학생들을 괴롭히고 인격적으로 대하지 않는 경우가 생각보다 많다는 사실을 경험하고 있습니다. 어리니까 무시하고, 덜 배웠으니까 무시하고, 그러다가 부모님들이 조금이라도 선생님에게 불만을 제기하면 대부분의 선생님이 아이들 잘못으로 원인을 돌리는 것도 보았습니다. 아이들이 거짓말을 하지 선생님이 거짓말을 할 거라고 부모님들은 생각하지 않기 때문입니다.

하지만 아이들에게 험한 말이나 욕을 하고, 비인격적으로 대하며 사람들이 안 볼 때 폭력을 쓰는 선생님들을 볼 때면 인간의 한계에 먹먹해지며 답답함을 느낍니다. 어른이 아닌 어른 아이들, 아이들보다 덜 솔직하고 진실되지 못한 어른들 때문에 학생들 마음이 많이 아픕니다. 아이들은 이유 없이 혼난다고 생각할 때 가장 억울해합니다. 이해하지 못하는 상황에서 벌을 받을 때만큼 서러울 때가 없습니다.

어느 날 제가 진행하는 아침 큐티 시간에 아이들을 두 줄로 나눠 서로 마주 보고 서게 하고, 그 사이를 지나는 긴 선을 바닥에 그렸습니다. 그리고 아이들에게 설명했습니다.

"선생님이 하는 질문에 '그렇다'라고 생각하면 바닥에 그려진 선을 향해 한 발자국 앞으로, '그렇지 않다'라고 생각하면 한 발자국 뒤로 물러나는 거예요." 아이들은 새로운 게임에 흥미를 보이며 들떴습니다. 이 활동은 에린 그루웰(Erin Gruwell) 선생님이 소개한 교육 방법 중 하나입니다. 단순히 질문에 대답하는 것 같지만 이를 통해 남이라고 생각했던 친구도 자신과 같은 감정을 공유하고 있다는 것을 보여주고 싶었습니다. 서로가 느끼는 공통의 감정과 아픔을 나눔으로써 얼마나 더 가까워질 수 있는지 공간적으로 알려주고 싶었습니다.

첫 번째 질문은 쉽게 시작했습니다. "아이스크림을 좋아하는 사람?" 20명의 학생 중 한 명도 빠짐없이 모든 아이가 크게 한 발자국 앞으로 나왔습니다. 저는 아이들에게 다시 원래 있던 자리로 돌아가라고 이야기한 뒤 두 번째 질문을 던졌습니다. "학교 오는 것이 좋고 즐거운 사람?" 2/3 정도의 학생들이 한 발자국 앞으로 나왔습니다. 나머지 1/3에 해당하는 아이들은 조금 긴장된 얼굴로 한 발자국 뒤로 물러났습니다. 아이들에게 다시 본래 자리로 돌아가 달라고 말했습니다. 그리고 세 번째 질문을 했습니다. "이곳에서 있는 누군가로부터 상처받은 적이 있는 사람은 앞으로 나와 주세요." 잠시 정적이 흐르고 대부분의 아이들은 무겁게 한 발자국 앞으로 나왔습니다. 그리고 흥미롭게도 앞으로 나온 서로를 두리번거리며 둘러보고 놀란 표정을 지었습니다. 다시 본래 자리에 돌아가 서 있는 아이들에게 네 번째 질문을 했습니다. "상처를 준 그 사람에게로부터 미안하다고 사과 받은 사람이 있나요?" 이전에 나왔던 학생들 중 1/3 정도 되는 아이들만 한 발자국 앞으로 나왔습니다.

그리고 다섯 번째 질문에서 저는 정말 묻고 싶었던 질문을 꺼냈습니다. "혹시 우리 학교에서 선생님에게 상처받은 적이 있는 사람?" 아이들은 경계하는 표정으로 저를 쳐다보며 서로서로 눈치를 살폈습니다. '나갈까? 말까? 어떻게 하지….' 많은 생각을 하는 것 같이 보였습니다. 조용히 기다리는 저의 마음에 응답하듯 2~3명의 학생을 제외한 모든 학생이 조용히 한 발자국 앞으로 나왔습니다. 이제 저의 마지막 질문이 남았습니다. "상처받았던 그 선생님에게 사과 받은 적 있는 사람?" 앞으로 나왔던 아이 중 오직 1명만 다시 앞으로 나왔습니다. 나머지 아이들은 먼 곳을 쳐다보거나 땅으로 시선을 돌리거나 무거운 표정으로 저를 쳐다보고 있었습니다.

마음이 아팠습니다. 누군가에게는 미안하다는 이야기를 들어야 학생들의 크고 작은 상처가 치유될 것 같았습니다. 그래서 저는 아이들에게 이렇게 말해 주었습니다. "선생님들을 대신에서 여러분에게 진심으로 사과할게요. 선생님들을 용서해줄 수 있을까요?" 잠시 혼란스러워하던 아이들의 표정이 무언가 비장한 결단을 한 듯, 또는 감정이 북받쳐 온 듯 바뀌기 시작했습니다. 그리고는 모든 아이가 선을 향해 한 발자국 나왔습니다. 저는 울컥할 수밖에 없었습니다. 그 순간 배웠습니다. 아이들은 상처도 잘 받지만, 어른들과 다르게 참 쉽게, 때로는 쓸데없는 자존심일랑 내려놓고 빨리 용서해준다는 것을 말입니다.

학생들에게 멋지고 대단한 어른은 굉장한 업적을 이룬 사람보다 미안하다고 사과할 줄 아는 사람, 못 했을 때만 지적하는 것이 아니라 잘했을 때도 칭찬해줄 수 있는 사람입니다. 아무리 작은 일이라도 최선을 다했을 때 그것을 인정할 줄 아는 그런 사람입니다. 아이들이 잘못했다고 찾아왔을 때 따뜻하게 안아주며 괜찮다고 아이들만큼 빨리 용서하고 잊어버릴 수 있는 그런 사람이 저도 되고 싶습니다. 기도로 큐티를 마치려 하자 아이들이 콩콩 뛰며 소리쳤습니다,

"Miss Grace, More!" (선생님, 더해요!)

그리고 또 아무 일도 없던 것처럼 금세 씩씩하게 다음 수업을 향해 뛰어가는 아이들의 뒷모습에서 순수한 사랑의 모습이 보였습니다. 이곳에서 저를 숨 쉬고 가슴 뛰게 하는 그런 사랑 말이죠.

2017년 11월 17일

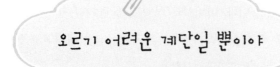

오르기 어려운 계단일 뿐이야

2월 첫 주, 우리 반 아이들과 함께 2박 3일 수학
여행을 나쿠르(Nakuru)로 다녀왔습니다. 나쿠루는 나이
로비에서 차로 4시간 정도 떨어져 있는 지역으로 키쿠유
(Kikuyu) 부족이 주로 거주하는 지역입니다.

일 년에 한 번, 아이들이 2박 3일이나 부모님과 떨어져 함
께 하는 여행인 만큼 꽉 찬 일정으로 채워져 있었습니다. 선
사 시대 유적지나 박물관 등 교육적인 곳들을 방문하기도 하
고, 오후에는 아이들과 수영을 하기도 합니다. 그런데 돌아
와서 아이들에게 무엇이 가장 기억에 남느냐고 물어보면 매
일 하루에 한 번씩 꼭 했던 등산이 가장 기억에 남는다고 이
야기해줍니다. 저 또한 그렇습니다. 하루에 꼭 한 번씩 정해
져 있던 등산 코스 중에는 화산이 폭발한 뒤 큰 분화구가 생
기며 만들어낸 깊은 절벽이나 골짜기, 폭포 꼭대기에서 시작
하여 계곡이 있는 숲 아래로 내려가는 코스도 있었습니다.

빨리 속도를 낼 수 있는 경험이 있고, 모험심이 강한 아이
들과 몇몇 여자아이들로 구성된 조와 조금 더딘 학생들로

구성된 조, 이렇게 두 개의 조로 자연스럽게 나누어졌습니다. 저와 함께 수학여행에 참석한 남자 선생님께서 아이들과 함께 점점 앞으로 가고, 저는 뒤에 남아서 어려움을 겪는 아이들이 낙오되지 않도록 챙겨주게 되었습니다.

사실 어려움을 겪지 않고 빠르게 내려가는 아이들이 더 이상했습니다. 분명히 선생님께서 정상적인 등산 코스고 사람들이 많이 다닌다고 했는데, 도착해보니 전혀 길을 찾아볼 수 없었습니다. 그냥 낭떠러지 같은 곳을 너무나 잘 내려가는 아이들과 선생님을 보면서 놀라고, 또 바로 옆으로 보이는 절벽에 놀라고 말았습니다. 고소공포증을 뒤로하고 학생들과 함께 무사히 하산할 수 있도록 집중해서 노력했습니다.

그런데 그 와중에 전혀 예상치 못한 서프라이즈는 바로 학생들이었습니다. 그동안 학교생활에서 보지 못했던 아이들의 새로운 모습과 가려져 있던 성격들을 볼 수 있었습니다. 총 18명의 학생들 중 5명의 여학생들이 저와 함께 뒤에 남아 조심스럽게 산을 내려가고 있었습니다. 그 가운데 레이나라는 학생이 함께 있었습니다. 그 아이가 가장 기억에 남는 이유는 겁이 많을 것이라 예상하지 못했던 학생이었기 때문입니다. 레이나는 숙제를 안 해오고, 자신의 학용품이나 교복, 교과서 등을 학교 구석구석에 흘리고 다녀서 저에게 가장 많이 혼나던 학생이었습니다. 어떤 수업에도 열정을 보이지 않아 방과 후나 점심시간에 해오지 않은 숙제를 하며 저와 시간을 제일 많이 보내기도 했습니다. 유일하게 집착을 보이는 것이 음식인데, 식탐이 강해서 다른 학생들의 급식까지 다 빼앗아 먹는 아이로 학교에서 유명했습니다. 남을 배려하지 않는 이기적인 학생인 레이나는, 교사의 끊임없는 관심이 필요한 학생으로, 제 마음의 큰 짐이었습니다.

그런데 이번 등산을 하는 과정에서 레이나가 제게 보여주었던 모습은 약하고 겁 많은 어린 10살 소녀의 모습 그대로였습니다. 학교에서 보던 무표정하고 무감감하던 얼굴이 아니라 감정을 그대로 드러낸 채 눈물을 펑펑 쏟으며 바위벽에 붙어 꼼짝 못하는 것이었습니다.

"Miss Grace, I can't." (선생님 저는 못해요.)

"Miss Grace, I'm going to fall." (선생님, 저 굴러떨어질 거 같아요.)

그 아이의 솔직한 감정을 본 것이 처음인 것 같습니다. 새파랗게 겁에 질려 거의 엉덩이로 기다시피 산을 내려가던 레이나가 가파른 곳에서 멈춰 통곡을 하며 우는 모습을 보고 이상하게 애정이나 동정심보다는 화가 치밀었습니다. 학교에서부터 반복해왔던 "못 한다, 안 한다, 할 수 없다"라는 말과 게으르고 성의 없어 보이는 그 태도에 속이 상했습니다. 동시에 그동안 어떤 교육방법도 통하지 않았던 레이나가 속마음을 드러낸 순간을 놓치고 싶지 않았습니다. 가까이 다가가 손을 잡아 일으켜주거나 다독여주지 않았습니다. 레이나와 몇 걸음 떨어져서 단호하게 말했습니다.

"You can do it, Reyna. Get up." (넌 할 수 있어 레이나. 일어나.)

"I Can't, Miss Grace." (저는 못 해요, 선생님.)

"I'm waiting for you right here. Get up and stop crying." (여기서 기다리고 있잖아. 일어나. 그만 울어.)

30분 이상 한자리에서 움직이지 못한 채 절벽 밑을 보고 울고 있는 레이나를 보고 참다못해 말했습니다.

"I'm going to go ahead." (선생님은 지금 바로 출발할거야.)

일어나지 않으면 먼저 가겠다는 저의 말에 대성통곡하며 레이나가 절규했습니다.

"Miss Grace, Please don't leave me." (선생님, 제발 저를 버리고 가지마세요.)

"Then get up, you are capable of doing this by yourself." (그럼 어서 일어나, 너는 충분히 혼자 일어날 수 있어.)

흔들리지 않는 저의 목소리에 레이나가 조금씩 다리를 움직이기 시작했습니다. 혼자 두고 가겠다는 말에 충격을 받은 것인지, 끝까지 움직이지 않고 서 있는 저의 모습에서 자신이 결국 혼자 싸워 이겨내야 한다는 것을 인지한 것인지…. 무엇이 이유가 되었던 그 아이가 몸을 조심스럽게 일으키는 과정을 지켜보았습니다. 울며 엉금엉금 저에게 가까스로 가까워질 때마다 저는 몇 걸음 더 뒤로 가서 레이나를 기다렸습니다. 레이나는 울음을 멈추지 못했습니다. 속마음을 드러낸 채, 이렇게 열심히 무엇인가를 했던 적도, 해야만 했던 상황도 처음인 듯싶었습니다.

그렇게 절반쯤 가고 있는데 뒤에서 천천히 따라오던 시드니가 레이나에게 말했습니다.

"Just think of it as really difficult stairs!" (그냥 오르기 정말 어려운 계단이라고 생각해!)

그동안 올라갔던 계단들보다 조금 더 어려운 계단이라고 생각하라고 말이죠. 비록 오래 걸리기는 했지만, 자신의 뒤에서 엉덩이를 밀어주는 시드니와 위에서 할 수 있다고 응원해주는 다른 학생들, 자신과 같이 어려움을 극복하고 한 걸음씩 나아가는 반 친구들의 모습을 보며 레이나는 그날 등산을 완주했습니다. 아무도 두고 가지 않고 함께 해냈다는 경험이 아이들의 우정을 더 돈독하게 해주지 않았나 생각이 듭니다. 잃어버린 한 마리 양을 위해 아흔아홉 마리를 뒤로하고 산과 들을 찾아 나서시는 주님의 모습을 닮아가는 아이들로 말입니다.

저의 교육이나 가르침보다는 주위에 함께 남아있던 학생들이 레이나의 생각과 관점을 변하게 하는 데 큰 힘이 됐다고 생각합니다. 그동안 작은 어려움이라도 할 수 있다고 외치며 성공경험을 쌓아왔던 시드니와 같은 아이들은 조금 더 큰 어려움 앞에서도 주눅 들지 않고 "나는 떨어지지 않는다.

매일 오르는 계단보다 난이도가 조금 더 높을 뿐이다"라며 당당했습니다. 그리고 그 경험들을 삶의 다른 부분들과 연결해 상황을 정면으로 바라볼 수 있는 용기가 있었습니다. 혼자 해냈다는, 이겨낼 수 있다는 성공경험이 아이들의 삶에 얼마나 큰 용기를 주고 자신감을 주는지 그때 깨달았습니다. 그리고 그렇기 때문에 어려움을 마주칠 때마다 주저앉거나 도망가지 않고 도전하는 것이 왜 중요한지도 학생들의 모습을 보며 배웠습니다.

그날 밤, 숙소에서 침대에 누운 여학생들에게 잘 자라고 인사를 하며 레이나에게 물었습니다.

"How do you feel now? You did it all by yourself!" (이제 기분이 어때? 너 혼자 해냈어!)

레이나가 부끄러운 듯 미소를 지으며 졸린 목소리로 대답했습니다.

"I want to come back with my mom. I want to show her what I can do!" (엄마랑 다시 또 오고 싶어요. 엄마한테 제가 얼마나 잘하는지 보여드리고 싶거든요!)

그날 등산을 완주한 레이나는, 그다음 날 절벽 같은 폭포 위에서 산 아래로 내려가는 길을 앞서가는 학생 조와 함께했습니다. 오히려 저에게 조심히 내려오라고, 천천히 오라고 응원해주면서 말입니다.

2018년 2월 17일

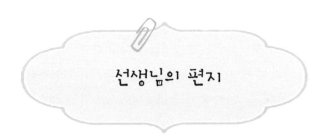

선생님의 편지

　　하나님께서는 저에게 정말 좋은 스승들을 많이 보내주셨습니다. 지금 제 삶을 돌아봐도 그보다 더 큰 은혜는 없을 것 같습니다. 좋은 멘토들과 스승들, 인생을 살아가는 데 믿어주고 응원해줄 수 있는 분들과의 만남이 지금의 저를 만들었습니다. 물론 부모님께서 가장 좋은 스승이라는 특권을 누리셨지만 말입니다.

　연극과 뮤지컬을 사랑하게 된 계기도 고등학교 때 만났던 연극반 선생님 덕분이었습니다. 미세스 지(Mrs. Z)는 미국에서 태어나고 공부하신 백인 선생님이셨는데 한국을 마음에 품은 교육 선교사로 우리 학교에 계셨습니다. 그 선생님께서 남겨주셨던 무대를 향한 열정 그리고 좋은 추억들이, 저로 하여금 그분을 닮고 싶게 만들었던 것 같습니다. '나도 그런 좋은 기억들을, 경험들을 누군가에게 예술을 통해 남겨줄 수 있는 사람이 되고 싶다'라는 생각과 함께.

　짧은 시간 내에 많은 사람에게, 강렬하게 눈과 귀를 통해 메시지를 전달할 수 있는 예술이 극히 드물다는 점 때문에 뮤지컬에 큰 매력을 느꼈습니다. 영화와는 차이가 있습니다. 무엇보다 살아있는 공연에는 '하나 됨'이 존재하기 때문입니다. 관객과 연기자, 연출 스태프 모두가 한마음으로 살아 숨 쉬고 호흡하게 디자인되어 있습니다. 이미 완성된 작품이 아니기 때문에 그날 서로의 필요에 따라 그들만의 소통이 존재할 수 있습니다. 그래서 보는 사람뿐 아닌 무대 위에 서는 참여자들에게 동일한 경험을 제공하는 살아 숨쉬는 시간입니다. 같은 공연이라도 그날 어떤 마음으로 누가 공연을 보러 찾아오는가에 따라서, 그 사람의 컨디션과 감정에 따라서, 연기자의 감정과 상황에 따라서, 다시 오지 않을 오직 한 번뿐인 공연이 펼쳐집니다. 그런 역동적인 시간 속에서 창조의 주인 되시는 하나님의 영광이 드러나길 소망하며 무대예술과 사랑에 빠졌습니다. 미세스 지(Mrs. Z)는 제가 꿈과 재능을 발견할 수 있도록 끝까지 응원하고 도와주셨습니다.

제가 정말 존경하는 또 다른 선생님이 계십니다. 지극히 문과 쪽에 치우쳤던 저는 과학과 수학을 잘하지 못했습니다. 그래서 중고등학교, 대학에서 공부할 때도 1시간이면 충분한 수학 시험에 4~5시간이 걸려도 겨우 평균을 유지하는 정도였습니다. 그런데 저의 부족함 덕분에 너무 좋은 수학 선생님을 만나게 되었습니다. 학원을 운영하시던 선생님께서는 매주 토요일마다 저를 만나서 개인지도를 아낌없이 해주셨습니다. 공부를 가르쳐 주시며 맛있는 것도 사주시고 가끔 용돈도 주시며 수학보다 더 깊은 인생의 원리를 가르쳐 주셨습니다. 실패했던 자리에서 노력해 일어나는 법을, 어려운 상황을 다른 관점으로 바라보는 시야를, 또 실패를 성공경험으로 바꾸어 주셨습니다.

그렇게 저는 수많은 스승을 통해 성장했고 하나님께서 부르신 자리에 올 수 있었습니다. 선생님이 된 지금, 그분들께 부끄럽지 않은 제자이자 선생으로 살아가고 있는지 늘 돌아보면서 학생들을 만나게 됩니다. 그리고 얼마 전, 저는 수학 선생님이 보내신 편지를 어머니를 통해 전달받았습니다.

"불신자인 남편을 만나 불같은 시험의 강도 건너게 하셨지만, 이제는 남편이 자비량 사역자로 헌신을 해서 따이한 아이들에게 하나님의 말씀과 한국어를 가르칠 수 있게 허락하셨습니다. 오직 주님만을 바라보며 또다시 불신자를 가족으로 품고 사랑하기로 결단하고 있습니다. 부족한 저를 위해서 기도해 주세요.

우리 자랑스런 다혜 !!! 이제 늙은 선생이 제자의 발자취를 따라서 갑니다. 저 같은 사람이 뭘 할 수 있겠어요. 선교사님들 김치찌개라도 맛있게 끓여 드리겠습니다."

선교사로 와서 가장 울림이 있던 순간이 있다면, 가장 자랑스럽고 보람된 순간이 있다면 이 편지를 받았을 때가 아닐까 싶습니다. 그동안 아프리카에서 생활하며 느꼈던 어려움과 힘들었던 시간이 한번에 보상받는 듯한 위로와 평강을 얻었습니다. 선교지로 향하는 발걸음에서 성령님이 주시는 감동을 느낄 수 있었습니다. 사랑하는 수학 선생님께서는 이제 베트남으로 떠나게 되셨습니다. 그리고 저를 지도해주셨던 연극 선생님께서는 지금 에티오피아라는 또 다른 선교지에서 아이들을 가르치고 계십니다. 제가 그분들과 함께 동행하며, 같은 길 위에 서서, 동일한 목적을 향해 가고 있다는 사실 자체가 저에게는 너무나 큰 감동입니다. 우리 주님의 집에서는 참새도 제집을 얻고 제비도 새끼둘 보금자리를 얻습니다. 그 영광스러운 궁전에서 사랑하는 하나님과 함께 영원히 함께할 수 있다는 감격에 더 많은 사람이 함께 했으면 좋겠습니다.

헌신의 시간 중 벌써 1년을 보내고 이제 마무리 단계에 들어간 저는 하나님께 다시 구하고 있습니다. "주님 이제 어디로 가기를 원하십니까? 저는 인생의 십일조를 하나님 앞에 드리겠다는 마음으로 1년 3개월의 시간을 아프리카에서 헌신하기 위해 왔지만, 한사람이라도 더 주님의 사랑스러운 장막으로 들어올 수 있도록 앞으로 살아 있는 모든 순간도 하나님께 드리기를 원합니다. 어느 때보다 행복했습니다. 계속 아프리카에 있기를 원하실지, 이제 한국으로 들어오라고 하실지, 아니면 다른 나라로 보내실지…. 아직 잘 모르겠습니다. 그리고 앞으로 하나님께서 계속 학생들을 가르치는 선생님으로 저를 인도하실지도 모르겠으나, 허락하신다면 이런 선생님이 되고 싶습니다. 계속 배우는 선생님, 제자를 진심으로 사랑해서 섬길 수 있는 선생님. 그리고 제자와 함께 신앙의 길에 함께 서 있어줄 수 있는 그런 용기 있는 멋진 선생님 말입니다."

무언가를 하는 게 중요한 게 아닙니다. 가장 큰 응원은, 같은 곳을 바라보며 마음을 함께 해줄 수 있는 사람이라는 것을 저는 스승님들을 통해 배워갑니다. 그리고 하나님께도 같은 곳을 함께 바라보며 갈 수 있는 사람을 원하시지 않을까요. 주님의 마음을 가만히 생각해봅니다.

아프리카가 아니라도 좋습니다. 다른 어떤 곳이라도 주님의 집이 있는 곳으로 저를 움직여주시기를, 그곳이 내 집이 되기를, 그래서 정말 내 하나님의 성전 문지기로라도 있을 수 있는 은혜를 더하여 주시기를 소망합니다.

2018년 3월 30일

혼자가 아니야

　　우리 학교 학생들은 초등학교 1학년부터 같은 반에서 6학년이 될 때까지 함께 자라온 아이들이 대부분입니다. 그래서인지 우리 반 아이들은 단지 친구 관계를 뛰어넘어 형제자매처럼 애증의 관계가 된 것 같습니다. 서로가 어떻게 커왔는지, 작년에는 어땠는지, 그 전 여름에는 무슨 일이 있었는지 오랫동안 지켜봐 왔기 때문에 추억도 많고 기억도 많습니다. 자주 다투기도 합니다. 그리고 서로에 대해 앞다투어 이르고 안 좋게 얘기할 때도 많습니다.

　　우리 학생들은 친구가 참 중요한 나이입니다. 그 시절 저를 돌아보면 친구 관계가 스트레스 받을 만큼 중요했던 것 같습니다. 친구들과 관계가 좋으면 종일 즐겁고, 조금이라도 소외당하거나 갈등이 생기면 세상이 무너질 듯 외로웠다가, 관계가 풀리면 싫던 학교가 다시 좋아지기도 했으니까요. 그래서 다른 반도 아닌 우리 반 학생들끼리 싸울 때는 더 안타까웠습니다. 사소한 것들이 서로에게 얼마나 큰 상처로 남을지, 그 영향력을 저도 자라면서 느꼈기 때문인지도 모르겠습니다.

그리고 또 한 가지 아이들을 보면서 느낀 점은 아무리 오랜 시간 함께 생활해도 늘 화목하기는 참 어려운 일이라는 것입니다. 기독교 학교인 이곳에서 저는 학생들이 친구를 더 배려하는 것을 가르치며 하나 된 공동체를 실현하고 싶지만, 서로 겪어왔던 그동안의 시간과 사건들이 그 일을 쉽게도 어렵게도 만들곤 합니다. 그동안 여러 가지 방법을 동원해보았습니다. 공동체를 더 하나 되게 돕기 위해 서로 사과하는 시간도 가져보고, 칭찬해주는 시간도 가졌습니다. 그런데 그런 시간은 금새 잊히고 다시 서로를 마음 아프게 하는 과거로 돌아가고는 하였습니다. 방학하기 몇 주 전, 우리 반 학생들이 채플(Chapel) 특순을 준비할 차례가 되어 동그랗게 둘러앉아 회의를 하던 중이었습니다.

"What kind of theme shall we share?" (어떤 주제를 나누는 것이 좋을까?)

저의 질문에 손을 높이든 시드니가 말했습니다,

"You are not alone." (당신은 혼자가 아니라는 주제요.)

시드니의 제안에 여러 아이들이 고개를 끄덕끄덕하며 그 주제에 긍정적으로 동의했습니다. 우리 반 학생들은 혼자가 아니라는 메시지를 전하고 싶다고 하였습니다. 하나님께서 주위에 이렇게 많은 친구를 보내주셨기 때문에 혼자가 아니고, 또 하나님께서 함께 계시니 언제나 '혼자'가 아닌 '둘'이라는 이야기를 말이죠. 서로 속상하게 하고 싸우는 일상 속에서도 이런 주제를 다루고 싶어 하는 아이들이 소박하게 느껴지는 순간이었습니다.

함께 주제를 정하고 나서 18명의 학생들과 저는 채플 준비를 본격적으로 시작했습니다. 특순으로는 저에게도 아주 특별한 뮤지컬 '위키드(Wicked)'의 'For Good'이라는 곡을 하기로 결정했습니다. 곡을 선택한 이유는 다음과 같은 가사 때문이었습니다.

"People come into our lives for a reason - to bring something that we must learn. We are led to those who help us most to grow.

I know I am who I am today, because I knew you. And because I knew you, I have been changed for good."

Musical 'Wicked'

우리의 삶에 들어오는 사람들은 다 이유가 있어서 찾아오는 거래 - 우리가 배워야 할 무언가를 들고 오거든. 서로를 성장할 수 있도록 도와주는 사람들이 만나게 되는 거야. 너를 알았기에 나는 오늘의 내가 될 수 있었어. 너로 인하여 나는 달라졌어, 완전히.

뮤지컬 '위키드(Wicked)'

"I have been changed, for good." 이 가사는 자신이 "좋은 쪽으로, 좋은 방향으로 변하였다"라는 뜻도 가지고 있지만 "완벽하게, 완전히 변하였다"라는 의미도 지니고 있습니다. 다시 돌아가지 않을 모습으로, 내 인생에 존재하는 누군가 때문에 내가 완벽하게 변했다는 것입니다. 그러면서 저도 깨달았습니다. 학생들로 인해 저도 완전히 변했다는 것을 말입니다. 케냐에서 저는 사람들을 통해 일하시는 하나님의 섭리를 아이들과 함께 배워갑니다.

사실 제게는 풀지 못한 숙제가 있었습니다. 바로 저를 선생님으로 부르신 하나님의 본심을 도저히 알 수 없었다는 것이죠. "하나님! 내성적이고 낯가림도 심한 나, 혼자 있는 것을 좋아하는 나, 사람들과의 관계보다는 지극히 일 중심적인 나를 도대체 어떤 이유로 사람을 키우는 선생님으로 부르셨어요? 왜 나를 가장 잘 아시는 하나님께서 이렇게 성격과 부딪히는 일을 하게 하셨나요?" 제가 이해할 수 없는 부분이 너무 많았습니다.

그런데 요즘은 망가지고 이기적인 제 모습을 고치시기 위해 이 자리에 부르신 것 같다는 생각을 점점 하게 됩니다. 본래 의도하셨던 하나님의 형상으로 회복시켜주시기 위해서, 또 가장 부족한 모습을 채워주시려고, 저로 인해 달라질 아이들과 그 아이들로 인해 달라질 저를 위해서 말이지요. 지금 우리는 서로를 위해 보내진 완벽한 섭리 안에 있다는 것을 깨닫고 있습니다.

선생님으로 일하며 무엇보다 사람의 소중함과 관계의 중요성을 알게 해주셨습니다. 어른이 돼 가면서 관계들 때문에 다치고, 또 상처를 주고받다 보니 상처받지 않기 위해 관계들을 외면하고 사람들에게 마음을 열지 않게 됩니다. 하지만 이런 어려움에도 불구하고 누군가 저로 인해 달라지고 더 좋아졌다면 그보다 복되고 감동적인 일이 있을지 생각해 봅니다. 모든 것을 협력하여 선을 이루시는 하나님께서 삶 속에 보내주시는 모든 사람은 저의 선한 변화를 위해서라고 받아들이고 있습니다. 멜모, 학생들, 동료들, 학교, 케냐가 저를 이전과 완전히 다르게 변하게 한 것처럼 말입니다.

"두 사람이 한 사람보다 나음은 저희가 수고함으로 좋은 상을 얻을 것임이라. 혹시 저희가 넘어지면 하나가 그 동무를 붙들어 일으키려니와 홀로 있어 넘어지고 붙들어 일으킬 자가 없는 자에게는 화가 있으리라. 두 사람이 함께 누우면 따듯하거니와 한 사람이면 어찌 따듯하랴. 한 사람이면 패하겠거니와 두 사람이면 능히 당하리니 삼겹줄은 쉽게 끊어지지 아니하느니라."(전 4:9~12)

아무리 서로 안 맞고 힘들고 어렵게 해도 혼자보다는 둘이 낫다는 진리를 깨닫고 있습니다. 투닥투닥 울고 웃으며 함께 오랜 시간 같이해온 아이들의 인간다운 모습들을 보며 공동체를 알아가는 중입니다. 제가 사랑하는 하나님께 매일 더 가까이 다가갈 수 있도록 베풀어주시는 관계의 은혜를 감사하며 더욱더 선한 변화를 갈망합니다. 그리고 저를 만나는 그들도 완전히 그리고 더 선하게 변했다고 고백할 수 있기를 기도합니다.

2018년 4월 13일

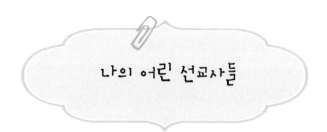

나의 어린 선교사들

학생들과 함께 일주일에 한 번 '회복적 생활교육'을 진행하고 있습니다. 회복적 생활교육은 한동대 교육대학원에서 처음 접하게 된 관계 중심적 교육방식입니다. 이런 접근은 최근 학교 내 폭력이나 갈등 혹은 사회적인 문제들이 확대되면서 대중화되었는데, 문제 해결과 체벌보다 피해자의 회복에 중점을 둡니다. 문제나 행동에 대해 처벌만이 아니라 피해자와 가해자가 함께 갈등을 어떻게 대응하고 반응하면 좋을지 해결책을 찾는 새로운 접근으로 여러 분야에 다양하게 활용되고 있습니다.

하루는 수업 중에 학생들과 서로 가지고 있는 걱정거리에 대해 이야기하며 어떻게 그런 부분들을 개인적으로 해결해 나가고 있는지 나누게 되었습니다. 평소 학생들이 학교로 가지고 오는 걱정거리들이 내면에서 화로 자라고 곪아서 부정적이고 공격적인 태도로 드러날 때가 많다고 느껴왔기 때문입니다. 예를 들어 어머님께서 출장을 가서서 몇 주 동안 집에 안 계시는 경우에, 제네시스는 평소보다 더 불안해서 친구들에게 시비를 걸고 화를 많이 내곤 했습니다. 그렇게 학생들의 걱정을 자세히 들여다보니, 제네시스뿐 아니라 다른 학생들도 평범한 일상 속에서 가장 마음 쓰고 있는 사람이 부모님이라는 것을 발견할 수 있었습니다.

"I asked my mom if she's ok because she looked so tired." (어머니가 피곤해 보이셔서 괜찮으시냐고 여쭤봤어요.)

"I asked my dad if he's ok because I didn't see him for three days." (아버지를 삼 일 만에 봐서 괜찮게 지내셨는지 여쭤봤어요.)

학교에서 또래들과 함께 지낼 때는 그저 천방지축 어린아이들 같지만, 부모님이 조금이라도 안색이 어둡거나 정서적으로 자신들과 함께 해주지 않으면 아이들은 바로 알아차립니다. 그리고 안절부절, 불안해하곤 합니다.

제가 초등학생일 때는 학교에서 친구들과 일어나는 일들, 학교 숙제와 점수받는 부분들이 가장 큰 걱정거리들이었던 것 같은데, 이곳 우리 학생들의 마음속 가장 큰 걱정거리는 부모님이라는 것이 참 다르게 여겨집니다. 아마도 죽음과 어려움, 예측 불허의 상황들이 더 자주 일어나는 곳이라서 늘 부모님들을 걱정하는 습관을 가지게 된 것 같습니다. 언제 곁을 떠나실지 모른다는 걱정 때문일까요. 이런 모습을 볼 때는 학생들이 어린아이의 모습을 너무 일찍 빼앗긴 것 같아 마음이 아파집니다.

케냐의 가정과 사회 구조를 볼 때 이곳 아이들이 성숙할 수밖에 없는 이유는 크게 두 가지입니다. 우선 이곳은 아직 대부분의 가정이 대가족을 이루며 살고 있습니다. 할머니, 할아버지, 고모들, 사촌들, 삼촌들과 함께 가까운 거리에서 큰 대가족을 이루고 사는 경우가 굉장히 흔하고 형제들이 많습니다. 우리 학교에도 함께 다니고 있는 형제자매들을 많이 볼 수 있습니다. 그러다 보니 이미 4, 5학년이 될 나이 쯤에는 부모님 대신 동생들을 챙기는 책임이 주어집니다.

그리고 아이들을 성숙하게 하는 더 큰 이유는 높은 이혼율입니다. 우리 반 아이들의 2/3는 부모님이 한 분이십니다. 대부분이 이혼 가정이고, 아버지가 떠난 '싱글맘'들이 많습니다. 아버지들이 양육비를 조금 보태줄 뿐 아이들의 삶에는 거의 존재하지 않습니다. 케냐에서 싱글맘으로 사는 것은 어쩌면 한국이나 미국보다 더 치열하고 더 고달픈 일인지도 모르겠습니다. 아직까지 상당히 보수적이며 가부장적인 문화가 존재하고 있을 뿐 아니라 여자들이 할 수 있는 일자리가 비교적 많지 않습니다. 때문에 살아남기 위해 재혼을 여러 차례 하는 어머님들도 많이 계십니다. 우리 반 학생 중 한 명은 벌써 세 번째 새 아버지와 함께 살고 있습니다. 친아버지를 만나러 일 년에 한 번, 일주일 정도 여행을 가고는 합니다. 또 재혼을 하지 않고 혼자 경제를 꾸리는 어머님들의 자녀 중에는 학비를 다 내지 못해 학교에 나오지 못하는 경우도 있습니다. 이런 팍팍한 현실을 아는 것인지,

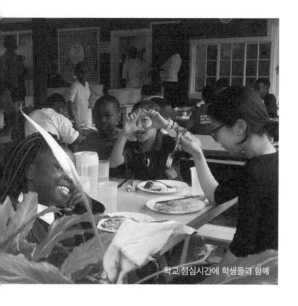
학교 점심시간에 학생들과 함께

학생들은 부모님이 바쁘고 짜증내고 화내는 것을 탓하지 않습니다. 자신들을 위해, 자신들 때문에 더 악착같이 바쁘게 일하고 있다는 것을 알고 있습니다.

"What did you do for your mom when she looked sad?" (어머님이 슬퍼 보이셔서 무얼 해드렸어?)

저의 물음에 학생들이 손을 번쩍 올렸습니다.

"I made her breakfast in bed." (아침을 만들어서 침대로 가져다 드렸어요.)

이렇게 우리 반 남자아이 오웬과 베릴는 자신의 어머니들이 슬퍼 보이면 아침을 만들어 침대로 가져다드린다고 대답했습니다.

"I played my mom her favorite song and bought her flowers with money I saved." (어머님이 제일 좋아하시는 노래를 틀어드리고 모아둔 용돈으로 꽃을 사다 드렸어요.)

"I gave her a hug and let her cry. I sat next to her and told her it will be ok." (어머님을 안아드리고 우실 수 있도

록 해드렸어요. 옆에 앉아서 괜찮을 거라고 위로해드렸어요.)

아이들이 부모님을 돌보는 것인지, 부모님이 아이들을 돌보는 것인지…. 어느새 그런 과정 속에서 우리 반 학생들은 어른이 되어 갑니다. 사랑받고 보호받아야 하는데, 오히려 힘들고 바쁜 부모님을 보면서 먼저 성숙해진 것입니다.

지금까지 저는 제 자신을 케냐로 파송 받은 선교사로만 생각했었는데, 이제는 보내는 선교사로서 이 어린 학생들을 바라봅니다. 벌써 아이들과 어떻게 어디서부터 인사를 해야 할지 고민이 많이 됩니다. 앞으로 한 달 반이 지나면 아이들의 곁을 떠나겠지요. 하지만 한 가지 확신이 있습니다. 이 아이들과 함께 했던 1년 3개월이라는 시간 동안 하나님께서 그들을 어린 선교사들로 부르셨다는 것을 말입니다. 각 학생들의 가정 안에, 또 그들이 어디에 있든, 그 자리에서 반짝반짝 빛나는 어린 선교사들로, 하나님의 자랑스러운 아이들로 영광을 돌릴 것이라 믿습니다. 그들의 아름다운 삶 속에 하나님께서 항상 함께 하는 부모님이 되어주시기를 간절히 소망하며 편지를 마칩니다.

2018년 5월 24일

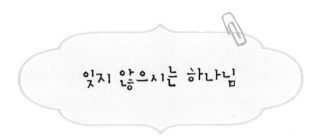

잊지 않으시는 하나님

아버지께서 늘 흔들림 없이 해주신 말씀이 있습니다.

"하나님은 당신을 위해 헌신한 사람들을 절대로 잊지 않으신다. 하나님께서는 우리가 드리는 시간과 재물 같은 삶의 모든 부분을 절대로 낭비하지 않으신다. 그렇기 때문에 그 시간이 가장 복된 시간이고 하나도 아깝지 않은 것이란다."

하나님에 대해 인상 깊게 남은 말이었습니다. 그러나 케냐에서 섬기며 만난 선교사님들을 보면서 이 확신이 흔들리곤 했습니다. 복음을 위해 희생하는 분들의 삶이 절대로 헛되지 않다고 믿지만, 제가 이해할 수 없는 부분들이 생기기 시작했기 때문입니다. 정말 진실하게 헌신했음에도 불구하고, 아니 오히려 그런 선택으로 인해 세상에서 버림받은 것 같은 그리스도인들이 보이기 시작했습니다.

"하나님, 정말 그들을 잊으신 것은 아니시지요? 천국에서는 복을 받겠지만, 이 세상에서 언제 그들의 눈물을 닦고 고개 숙인 얼굴을 들어주실 것인가요? 바로 지금 이곳에도 하나님 나라가 임하기를 기도하라고 하셨잖아요…." 이해할 수 없는 일들이 늘어날수록 질문으로 가득 찬 기도를 드리곤 했습니다. 속상한 마음에 불공평하다는 생각도 했던 것 같습니다. 사실 저의 의문에 끝까지 응답하지 않으신다고 해도 천국을 생각하며 하나님의 길에 서 있으려고 노력했을 것 같습니다. 그러나 제가 이 편지를 적는 것은, 이 땅에서도 하나님께서 우리를 위하고 계시다는 위로와 확신을 전하기 위해서입니다.

며칠 전, 저의 부족한 믿음에 하나님은 제가 가장 마음 아파했던 멜모를 통하여 기이한 방법으로 응답하셨습니다. 그동안 저는 멜모가 다시 케냐에 방문할 수 있었으면 좋겠다고 기도해왔습니다. 작년 12월 너무 아프고 힘든 추억을 가지고 케냐를 떠났던 그녀였기 때문에, 선교지에서의 행복한 기억을 다시 심어주고 싶다는 생각을 했었습니다. 자신의 헌신에 대한 열매는 아무것도 없었다고 늘 가슴 아파하던 그녀에게, 왜 거의 4년이라는 시간을 케냐에 있게 하셨는지 질문하는 그녀에게, 앞으로의 비전에 대해 고민하는 그녀에게, 케냐에서의 헌신을 통해 열린 작은 열매라도 보며 회복할 수 있는 시간을 하나님께서 주시면 좋겠다는 마음이 컸습니다. 꼭 다시 왔으면 좋겠다는 제 말에 그녀가 대답했습니다.

"I really wish I can come visit before you leave- but I don't see how I can." (네가 케냐를 떠나기 전에 정말 다시 가보고 싶지만 불가능할 것 같아.)

재정적으로 방법이 없어 보였기 때문입니다. 저 역시 멜모가 다시 올 수 있도록 도울 수 있는 방법이 없었습니다. 그래서 저희는 마음에 소망만 품고 별다른 기대 없이 기도했습니다. 작은 소원을 하나님께 올려드리며 말입니다.

"멜모가 케냐에 다시 방문하고 싶어 해요 하나님. 그랬으면 좋겠어요. 멜모가 왔으면 좋겠어요."

그런데 정말 놀랍게도 하나님께서는 멜모를 위해 비행기 표를 준비해 주셨습니다. 한 분의 귀한 헌신으로 인해 멜모는 7월 중순 케냐를 방문할 수 있게 되었습니다. 더 놀라운 것은 멜모가 케냐에서 1주일의 시간을 보내고, 저와 함께 한국에 방문할 수 있는 일정까지 준비해주셨다는 것입니다. 하나님께서 저희의 작은 마음을 받아 그냥 응답하시는 것에서 그치지 않으셨습니다. 그분은 제가 기도했던 것보다 두 배 세 배 넘치게 응답하셨습니다. 비행기 티켓을 선물할 수 있게 되었다는 말에, 그리고 저와 함께 한국에 오길 바란다는 말에 멜모가 대답했습니다,

"God didn't forget." (하나님께서 잊지 않으셨구나.)

멜모와 저는 작은 신음소리에도 응답하시는 하나님께 울컥하는 감동과 함께 감사를 드릴 수밖에 없었습니다. 살아계신 우리의 하늘 아버지께 말이죠.

　어쩌면 너무 조급하게 인생의 타이밍과 방법을 정하는 것은 아닐까요? '이 시간에, 이런 방식으로' 하나님께서 갚아주시기를 원하는 그런 마음 말입니다. 하나님께서 우리에게 약속하신 회복의 맹세는 때로 우리 생각과 시간을 벗어날 때가 있는 것 같습니다. 어쩌면 그 약속은 더 깊고 크고 넓은 하나님의 섭리, 영생의 타임라인을 따라가는 것 같습니다. 하지만 분명한 것은 하나님의 회복은 그분의 때에 일어난다는 것입니다.

　이제는 아버지께서 늘 해주시던 말씀을 저 역시 믿음으

로 증언할 수 있습니다. 하나님께서는 사람들의 얼굴을 빛나게 들어주시는 약속의 하나님이라고. 우리를 이전보다 더 아름답게 회복하시는 주님을 찬양합니다. 이 세상에서도 우리를 위해 싸우시고 어둠을 물리치시며 천국의 빛을 밝혀가시는 하나님께서는, 소망과 사랑이 가득한 자리에서나, 사망의 음침한 골짜기를 지날 때나, 저의 형편과 상관없이 늘 함께 하십니다. 그래서 더 감사합니다. 어려운 상황이 일어나지 않아서 감사한 것이 아니라, 오히려 그런 상황에서도 저를 버리지 않으시고 끝까지 함께 하시는 하나님을 체험하였기 때문입니다. 그렇게 하나님과 함께 승리의 언덕에 올라설 때면 두 배 세 배로 기쁘고 감사할 수 있습니다.

그러나 만약 이 세상에서 잃어버린 것을 영원히 되찾지 못하고, 끝끝내 회복되지 않더라도, 다시 한번 하나님을 섬길 기회가 주어진다면 어떻게 할 것이냐고 묻는다면, 저는 이렇게 대답할 것입니다. "그럼에도 불구하고 똑같이 하나님을 선택하고 또 한 번 섬길래요." 신실함을 약속하신 하나님의 맹세 앞에 저와 멜모도 신실함을 드리기 원합니다. 늘함께 하실테니까요. 곧 다시 만나게 될 멜모를 생각하니 너무 기쁩니다.

작은 저를 귀하게 여겨주시는 하나님 아버지, 기억해주셔서 감사합니다.

2018년 5월 11일

이 값진 땅에 저 또한 그러한 선물을 조금이라도
남기고 갈 수 있기를 마음 깊이 하나님께 간구합니다.
그 어떤 소지품이나 물건보다 오히려 제가 더 겸손하게 쓰여져
닳아진 모습이 되어 돌아가기를, 그렇게 하나님 앞에 한없이
죄송한 마음으로 엎드려 기도합니다.

Chapter 4
케냐 이야기

나이로비

케냐에 도착한 지 일주일이 되었습니다. 수도 나이로비는 아름답지만 불편한 것도 많은 곳입니다. 대부분의 땅이 포장이 되지 않은 맨땅이라서 비가 오면 바로 홍수가 나고 웅덩이가 생기고 땅이 쓸려 내려가고, 비가 오지 않으면 항상 흙바람에 먼지가 많습니다.

나이로비는 물이 귀합니다. 레스토랑이나 카페에 가도 물을 그냥 주지 않습니다. 주문하고 돈을 내야 합니다. 샤워를 할 때 뜨거운 물이 나오려면 보일러를 1시간 전부터 틀어놔야 합니다. 물이 자주 끊기고 더럽기 때문에 늘 물탱크 차가 다닙니다. 단수가 되면 1~2주일씩 물을 사용할 수 없는 집들이 대부분이라고 합니다. 따라서 물과 전기가 많이 사용되는 세탁기가 없고, 손빨래를 해야 합니다. 더 큰 문제는 정전이 자주 된다는 것입니다. 비가 올 때는 온종일 전기가 들어오지 않는 날도 있습니다. 그래서 집집마다 보조 배터리, 양초, 램프를 준비해둡니다. 핸드폰이 안 되는 지역들도 많아서 'Safaricom(사파리컴)'이라고 부르는 'Verizon(버라이즌)'같은 통신 회사의 핸드폰이 먹통이 되는 경우가 자주 생깁니다. 나이로비는 빈부격차가 너무 심합니다. 그래서 위험합니다. 권총강도, 소매치기 그리고 도둑들이 많아 어두우면 걸어다닐 수 없습니다. 백화점이나 큰 공공장소에서는 사진을 찍을 수 없습니다. 사진을 찍어두고 테러를 계획할까 봐 금지되었다고 합니다. 경찰들이 늘 지키고 있는 출입구를 통과하기 위해서는 공항검색대와 같은 수색을 통과해야합니다. 백화점이나 길거리에서 물건을 살 때 늘 흥정해야 합니다. 심지어 버스요금까지도 말입니다. 왜냐면 늘 높게 부르기 때문입니다.

아프리카에서 직접 생산해서 팔 수 있는 물건들이 많이 없기 때문에 과일, 채소 같은 것들은 상대적으로 저렴하지만 다른 나라들에서 가지고 오는 샴푸, 화장품, 휴지 같은 물건들은 두세 배 비쌉니다.

새롭게 배워야 하는 문화적 차이점들이 많아서 벅찬 하루를 보내고 있지만 아침에 일어나면 마음에 감동이 있습니다. 살아왔던 곳과 다른 환경이고 그동안 편리하다고 생각하지 못했던 많은 것들이 없어서 불편하고 답답할 때가 있지만 기도를 할 때면 가슴이 뜨거워지는 것 같습니다. 하나님께서 정확히 어떤 사역을 맡기실지 아직 모르고, 두려움도 많지만 그분을 경외하며 주어진 것에 자족하고 승리하는 하루를 보낼 수 있도록 기도드립니다.

2017년 4월 20일

무슬림

　　무슬림들은 하루에 기도를 3번씩 합니다. 정해진
시간이 되면 하던 모든 것을 멈추고 메카를 향하여 마음과
정신을 쏟는 모습을 볼 수 있습니다. 그때마다 저 역시 다
니엘이 그랬던 것처럼 모든 것을 멈추고 하나님 앞에 기도
해야겠다는 생각을 하고는 합니다. 왜냐하면 이곳의 기독
교인들이 너무나 조용한 것 같기 때문입니다. 케냐 인구의
70%가 크리스천이지만 오직 15%만 매주 교회에 참석하는
'기독교적'인 삶을 사는 사람들이라고 합니다. 나머지 20%
는 무슬림들, 남은 10%는 믿지 않거나 다른 종교를 섬깁니
다. 그 많은 크리스천들이 어디로 갔는지 궁금합니다.

　처음 나이로비에 도착해서 2박 3일간 마사이마라 사파리
에 다녀왔습니다. 도착한 첫날 저녁, 함께 오셨던 어머니와
식사를 하던 중이었습니다. 투어 가이드이자 기사인 다비
드(David)가 와서 자연스럽게 첫날 여행이 어땠는지 물어
왔습니다. 그리고 저희가 어디서 왔는지 질문했습니다. 저
는 서울에서 왔다고 대답했습니다. 그러자 그분이 이렇게

말하는 것이었습니다. "아, 서울에서 오셨군요. 저는 서울을 참 좋게 생각합니다. 많은 사람들이 '진정한 한 분'이신 하나님을 섬기니까요. 우리나라도 그럴 수 있으면 좋겠습니다."
나중에 다비드는 자신이 목사이기도 하다는 이야기를 해 주었습니다. 대화를 통해 교회에서는 사례비를 받지 않기에 생활을 유지하기 위해 투어 가이드로 일하고 있다는 사실 또한 알게 되었습니다. 다비드는 하나님을 향한 당당하고 정확한 삶의 모습을 보여줬습니다. 유일하고 진정하신 하나님(One True God)에 대해서 말이지요.

우리 크리스천들은 한 분이신 하나님, 유일하신 하나님을 섬기는 사람들로 그 하나님을 전하기 위해 최고의 전문성을 가지고 헌신하고 희생하는 삶을 살아야 할 사람들입니다. 선교사로 헌신하여 케냐 땅을 밟았지만, 다비드 목사님

을 만났을 때 오히려 제가 복음을 새롭게 전달받는 느낌이 었습니다. 다비드는 자신이 선 자리에서 선교사로, 목사로, 투어가이드로 매일 복음을 전하고 있었기 때문입니다.

그 순간 케냐에 무작정 '도움'을 주겠다는 생각으로 와있는 저 자신이 철없고 못나 보였습니다. 저는 이곳의 문화와 사람들, 생활 방식, 삶의 태도, 깊은 고민, 가지고 있는 열정들을 공감할 능력도, 지혜도 없었기 때문입니다. 오히려 이곳에서 현지인들에게 하나부터 열까지 도움을 받아야 합니다. 또 교육 선교사로 파송 받았지만 교육하는 법, 아이들을 대하는 법, 수업을 진행하는 방식에 대해 처음부터 다 배워야 했고요.

'선교사란 무엇이고 선교란 무엇인지, 섬기러 온 사람들에게 득이 되기보다 오히려 나에게만 이익이 생기는 방법과 수단이 되면 어떻게 하지….' 꼬리에 꼬리를 물고 고민이 생겨났습니다. 여기 있는 현지인들이나 선교사님들에게 저의 방식을 강요해서는 안 된다면 현시점에서 제가 이곳에 무엇을 줄 수 있을지 고민이 되었습니다. 이런 과정을 통해서 하나님께서는 제게 무엇이 정말 선교인지 되돌아보게 하셨습니다. 사실 세계관이 다른 문화권에 들어와서 단시간에 이뤄낼 수 있는 변화는 정말 많지 않습니다. 그리고 한 사람이 할 수 있는 것이 많이 없습니다.

하지만 이곳으로 저를 인도하신 하나님께서, 제가 아프리카에 도착한 셋째 날, 광야에서 주신 음성을 기억합니다.

"너는 내 사랑하는 딸이요 기뻐하는 자라." 한국에서 세례 요한의 본문을 가지고 기도할 때 듣지 못했던 하나님의 음성이 먼 아프리카 광야에서 제게 들려왔다는 것에 저는 의미를 두었습니다. 예수님께서 공생애를 시작하실 때 들으셨던 그 음성이, 지금 케냐에 선교사로 파송 받아 와있는 제 인생의 시점에서 들려왔다는 것에도 의미를 두기로 했습니다. 바로 진정한 한 분이신 하나님(One True God)을 위한 삶을 시작할 수 있는 시작점으로.

선교의 방법과 전략, 의미에 대한 수많은 질문이 저를 마음 아프게 하지만 제가 지금 할 수 있는 것을 해야겠다는 생각을 해 봅니다. 최선을 다해 사랑하고, 중보하고, 이곳에 필요한 것들과 상황을 알리고 전하는 일부터 말이지요. 그리고 여기 있는 사람들에게 도움을 받는 것을 배우고 더 낮고 겸손하게 하루를 살아야겠다는 생각을 합니다. 그래서 선교를 마칠 때 그들에게 하나도 도움을 주지 못했다고 토로하더라도 그들과 '함께 했다'라는 사실만은 고백할 수 있기를 기도합니다.

2017년 4월 29일

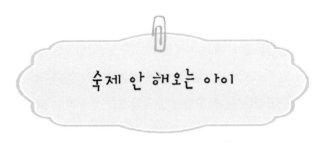

숙제 안 해오는 아이

　1년 3개월이라는 선교 기간 동안 하나님께서 맡기신 20명의 학생은 어쩌면 처음이자 마지막으로 온전히 한 학년을 함께 보내게 될 소중한 아이들입니다. 우리는 하나님께서 설계하신 완벽한 타이밍을 통해 만난 관계라고 확신하고 있습니다. 이 막중한 책임감에 충실하고 싶어 아이들의 수업뿐 아니라 태도와 학교생활에도 모든 에너지를 쏟아 신경을 써왔습니다. 학생들이 귀찮아할 정도로 숙제를 해오는지, 제시간에 제출하는지, 매일 일기장은 가져오는지 체크했고 과제를 해오지 않았을 때는 반드시 주어진 숙제를 다 끝낼 때까지 보충 수업에 참석하도록 합니다.

　사실 4학년 학생들이기 때문에 과제물을 잃어버리거나, 숙제를 잊어버린다든가 제대로 해오지 않는 실수는 있기 마련이라고 마음에 여유를 가지려고 마음먹으며 학기를 시작했습니다. 문제는 숙제를 해오지 않는 아이들이 매번 같은 사람이라는 것입니다. 숙제를 내주며 '아, 이 아이들은 또 해오지 않을 것 같은데…'라는 걱정을 가지고 다음날 점

검해보면 역시나 숙제를 해오지 않았습니다. 저는 학생들에게 "내 삶 속에 지금 너희보다 더 중요한 것은 없고, 너희가 배우는 것보다 중요한 것이 없기 때문에 작은 숙제부터 약속을 지키는 사람으로 습관을 들였으면 좋겠다"고 혼을 냅니다. 노력하고 배우고 충분히 할 수 있는데 왜 하지 않느냐고 다그칩니다. 이렇게 저에게 혼나는 학생들 중에 사이드(Said)가 있습니다. 하루는 그 아이를 불러서, 점심시간에 아이들과 축구를 못 할 것을 알면서도 왜 매번 숙제를 해오지 않는지 물었습니다.

"Because I have another school at home." (집에 가면 또 학교가 있어요.)

사이드는 고개를 숙이며 작은 목소리로 대답했습니다.

"What school?" (무슨 학교?)

"I have school with my teacher for two hours after school." (집에 가면 두 시간씩 선생님과 공부해야 해요.)

사이드와의 대화를 통해 그동안 집에 돌아가 매일 마드라사(Madrasah)에 참석하고 있던 것을 알게 되었습니다. 마드라사는 아랍어로 '모든 종류의 학교'를 의미합니다. 주로 이슬람 종교의 학교를 뜻하는데, 이슬람 교리와 함께 현대적 과목들도 가르칩니다. 이슬람 가정에서 태어난 아이이기 때문에 집에 가서는 그 종교의 방식대로 기도하고 생활하는 법을 배우고 무슬림 종교 경전인 코란을 공부하고 있었던 것입니다. 온종일 기독교 학교에서 생활하며 공부하고, 집에 가서는 무슬림 학교에 참석한다는 이야기였습니다.

"When I go home it's about 5 o'clock. Then I shower and my grandma tells me to eat dinner. Then I have school and then it's my grandma tells me to go to bed because it's late so I try to do homework in the morning but my grandma tells me I have to eat breakfast. Then I have to come to school." (제가 집에 도착하면 5시에요. 그러면 샤워하고 할머니가 저녁 먹으라고 하셔서 밥을 먹어요. 그리고 학교가 있고 할머니가 학교 끝나면 늦었으니까 빨리 자라고 하세요. 그래서 아침에 숙제를 하려고 하지만 할머니가 아침 먹으라고 하시고 그러다 보면 학교로 출발해야 해요.)

사이드의 이야기를 듣고 나서 머리가 하얘지는 것을 느꼈습니다. 정말 숙제를 할 시간도 없이 열심히 살고 있었던 것입니다. 게으르고 하기 싫어서 그랬던 것이 아니었습니다. 기독교 학교와 이슬람 학교, 두 개의 서로 다른 교육을 매일 경험하고 있는 이 아이의 마음속에 어떤 생각들이 오가고 있을까 궁금했습니다. 똑같은 과목을 비슷한 방식으로 배울수 있지만, 두 개의 서로 다른 종교의 차이점을 과연 이 아이는 어떻게 느끼고 있을까요. 그리스도의 복음이 선포되고 있다면 반드시 질문과 고민이 생길 테니 말입니다.

사이드를 마음에 품고 기도하며 정말 복음과 진리가 기독교 학교에서 선포되고 있는지 질문해 봤습니다. 그런데 속상하게도 자신이 없었습니다. 왜냐하면 수업 시간과 학교의 여러 활동을 통해 강조하고 있는 것들과 이슬람 학교 사이에 큰 차이점이 보이지 않았기 때문입니다. 그동안 아이들이 얼마만큼 배우고 있는지, 어떤 태도를 가지고 있는지 숙제를 해오는지 신경 쓰는 것이 중요하다고 생각해왔는데, 사이드의 얼굴을 보며 그동안 제가 지키려고 몸부림치고 화냈던 모든 것들이 정말 아이들을 위한 것이었는지, 아니면 저의 집착과 책임감 위에 세워진 욕심인지 돌아보게 되었습니다. 정말 신경 쓰고 걱정해야 할 것은 진리가 매일 선포되고, 어느 과목이든 매 순간 복음이 중심에 자리 잡고 있는 것일 텐데 말입니다. 제가 세워놓은 기준들을 지키지 못하는 아이들을 혼내는 것이 얼마나 어리석었는지 깨달았습니다. 그리고 어쩌면 마드라사와 다름없이 숙제하는 법, 영어 잘하는 법, 수학 공식 같은 것들만 가르치고 있었다는 사실을 깨닫고 너무나 미안했습니다.

케냐를 떠나고 시간이 많이 흐른 뒤 사이드를 다시 만날 수 있다면, 지금 가르쳤던 학생들을 다시 만날 수 있다면, 과연 저는 학생들에게 무슨 이야기를 듣고 싶은지 고민해 보았습니다. "선생님 덕분에 영어를 잘하게 되었어요, 연극을 좋아하게 되었어요…." 이런 이야기를 듣고 싶지 않았습니다. 정말 듣고 싶은 고백이 있다면 이것이었습니다. "선생님, 선생님을 통해서 하나님을 알게 되었어요." 저는 아침마다 아이들에게 너희가 행복했으면 좋겠다고, 예수님을 사랑했으면 좋겠다고, 케냐에서 처음이자 마지막 학생들이 될 수도 있는 너희들이, 복음을 위해 사는 아이들이 되었으면 좋겠다고 기도를 통해 이야기해 줍니다. 그리고 공개적으로 반에서 함께 기도하지는 못하지만 특별히 사랑하는 사이드의 마음속에 하나님 나라가 매일 조금씩 임하도록 기도합니다.

하나님께서 그 아이를 통해 그 가정에 구원의 은혜를 부어주시라고 간구하고 있습니다. 우연일 리 없는 하나님께서 설계해주신 우리의 관계 속에서 복음이 울려 펴지기를 소망합니다. 잃어버린 한 영혼이 다시 하나님의 집으로 돌아올 수 있도록 함께 기도해주시기를 부탁드립니다.

2017년 11월 24일

신발

신발은 나이로비에서 중요한 아이템입니다. 누가 어떤 신발을 신고 있는지 케냐인들은 유심히 봅니다. 이 사실이 신기하게 다가왔던 이유는, 이곳이 아이폰, 컴퓨터, 지갑 같은 소유물에 대한 애정을 버리는 연습을 할 수밖에 없는 나라이기 때문입니다. 좋은 물건을 소유하고 있는 것 때문에 갖게 되는 우월감이나 남들의 시선 등을 통한 좋은 평가를 내려놓을 수밖에 없습니다. 어쩌면 이곳은 어떤 소유물이 없어지더라도 괜찮다고 말할 수 있는 삶을 배우고 훈련하는 곳인 것 같습니다.

이전에 흔했던 물이 귀하게 된 것처럼, 당연하게 사용하던 전기가 순식간에 사라지는 것처럼, 한국이나 미국에서 너무나 당연하게 가지고 있던 것들이 이곳에서는 그만큼의 가치가 없습니다. 삶에서 결국 완전한 것은 없고, 완벽히 내 것인 소유물도 없으며 또 무언가 부족하거나 없어도 그런대로 살아진다는 것을 배우고 있습니다.

그래서 신발이 중요하다고 했을 때 놀랐습니다. 나이로

비에서는 신발을 깨끗하게 관리하는 것으로 사람의 사회적 신분을 판단한다는 것을 알게 되었습니다. 신발이 더럽다는 것은 그 사람이 많이 걸어 다닌다는 말이고 동시에 차가 없거나 금전적으로 넉넉하지 않다는 사실을 의미합니다. 나이로비는 도로가 구분되어 있지 않습니다. 그래서 동물과 사람, 차와 그 밖의 모든 것들이 함께 길을 공유합니다. 따라서 걷는 것은 보통 힘이 드는 일이 아닙니다.

더 많은 것을 갖기 위해 애쓰는 것이 아니라 버리고 내려놓는 삶을 연습하면서 지금까지 제가 두 손에 무엇을 움켜쥐고 살아왔는지 돌아보고는 합니다. 나이로비는 지금까지 제 삶이 얼마나 많은 우상으로 가득했는지 살펴보게 합니다. 당연히 가져야 한다고 생각했고 반드시 있어야 한다고 느꼈던 것들, 필요하다고 생각하고 원했던 모든 것들이 짙은 그림자를 드리우는 우상은 아니었는지 생각해봅니다. 어쩌면 이 시대의 우상은 필요 이상의 호화로움 뿐 아니라 삶의 질과 생존까지도 포함하고 있는 것은 아닐까요. 매일 아프지 않고 지내는 것, 매일 안전하게 집에 올 수 있고 출근할 수 있는 것, 내일을 시작할 수 있는 것…. 당연하게 생각했던 모든 것들이 사실은 누군가 언제든지 가져갈 수 있는 것들이었습니다.

이것을 깨닫고 하나씩 내려놓는 과정에서 하나님께서는 마음에 용기를 허락하셨습니다. 생존을 포함한 모든 것에서부터 자유로워지는 자족하는 삶과 평강을 이곳에 와서 조금씩 느끼고 있습니다. 제 삶의 우선순위가 흔들리고, 오직 하나님만을 신뢰할 수밖에 없게 된 일로도 감사하고 있습니다. 하나님만 신뢰한다는 것이 그전에 없던 기쁨과 평화를 준다는 것을 알게 되었기 때문입니다.

어쩌면 매일같이 위험하고 안전을 위협받는 삶을 산다고 할 수 있지만, 그럼에도 하나님이 함께 하신다는 확신은 변함이 없습니다. 4월부터 6월까지 나이로비는 우기입니다. 폭포수 같은 소리와 함께 엄청난 양의 비가 밤마다 내립니다. 하루에 몇십 번씩 그런 소나기가 내리곤 합니다. 이런 비를 경험해보지 못한 저는 늘 우산을 깜박 잊고 학교로 출근할 때가 많았습니다. 기이하게도 하나님께서는 우산이 없이 길을 갈 때면 오던 비도 멈추게 하셔서, 집이나 학교 등 목적지에 안전하게 도착할 때까지 젖지 않도록 밤이나 낮이나 동행하셨습니다. 핸드폰 등이 없어도, 강도가 많아도 늘 안정감을 느낄 수 있었던 것은 전능하신 하나님께서 함께하심을 보여주셨기 때문입니다. 이스라엘 백성들을 구름기둥과 불기둥으로 인도하셨던 것처럼 말이지요.

이곳에서 만난 하나님은 제가 생각하고 상상했던 것보다 그리고 지금까지 경험했던 어떤 것보다도 크고 멋진 하나님이십니다. 비록 제 것이라고 말할 것은 많이 없지만, 하나님의 것이 저의 것이고 그런 분이 저와 함께 하시기에 더 바랄 수 없는 큰 만족을 느끼고 있습니다.

2017년 5월 14일

먼지투성이 사람들
(Dusty People)

오전 6시 40분, 현관문 앞에서 책가방을 메고 신발을 신습니다. 6시 45분, 문을 잠그고 계단을 내려와서 경비원에게 인사를 하고 학교 셔틀버스가 기다리고 있는 사릿 센터를 향해 걷기 시작합니다. 7시 15분, 사릿 센터 앞에 도착해서 학교 셔틀버스를 탑니다. 매일 아침 7시 10분에서 7시 15분까지 사릿 센터 앞에는 작은 미니밴 사이즈의 학교 셔틀버스가 기다리고 있습니다. 최대 10명 정도 탑승할 수 있는데 나이로비 곳곳에 있는 여러 지역에서 출근하기 위해 오는 선생님들이 함께 타고 갑니다. 제가 도착할 시간이면 버스 안은 이미 화려하게 차려입은 선생님들로 거의 가득 차 있습니다.

선생님들은 셔틀버스가 아니면 학교에 올 있는 방법이 거의 없습니다. 우리 학교에 다니는 학생들과는 다르게 말입니다. 늘 안전하고 편안한 자리에 앉아서 등교하는 대부분의 우리 학생들과 달리 차가 없는 선생님들은 어렵고 긴 길을 뚫고 학교로 출근합니다. 우리 학교 학생들은 선생님

들이 대중교통인 마타투를 이용한다고 말하면 경악을 하며 걱정스럽게 말하고는 합니다,

"Oh, Miss Grace! You shouldn't ride such a dangerous thing." (선생님! 그렇게 위험한 걸 타시면 안 돼요!)

대중교통이 아니면 나이로비를 다닐 수 없는 99%의 사람들이 바로 선생님들이라는 사실을 학생들이 기억했으면 좋겠습니다. 셔틀버스에 오를 때면 늘 저는 신기함을 감추지 못합니다. 학교 셔틀버스의 구조는 이렇습니다. 오른쪽 줄에 둘이 앉는 의자가 네 개, 그리고 왼쪽으로 혼자 앉는 의자 두 개가 있습니다. 버스에 일찍 도착하건, 겨우 시간에 맞춰서 도착하건 저는 어김없이 혼자 앉는 자리로 직행합니다. 이미 사람들로 가득 찬 버스인데도 신기하게 혼자 앉을 수 있는 자리가 제 차지입니다. 먼저 오는 선생님들이 오른쪽 뒷줄부터 차곡차곡 나중에 탈 사람을 배려하며 앉기 때문입니다. 학교 근처 동네는 집값이 비싸기 때문에 멀리서 오는 사람들이 대부분입니다. 마타투의 특성상 엄청나게 꽉 끼어서 몇 시간씩 타고 사릿 센터까지 왔을 텐데도 선생님들은 굳이 둘이 앉아야 하는 뒷자리로 먼저 가서 앉습니다.

신기한 일은 선생님들이 가장 좋고 아름다운 빨간색, 노란색, 초록색의 화려한 옷으로 잘 차려입고 있다는 점입니다. 저는 집에서 셔틀까지 30분만 걸으면 되는데도 불편하다고 늘 운동화와 후드 티에 청바지를 입고 다니는데 말입니다. 이러한 모습은 케냐의 특별한 정서인 것 같기도 합니다. 공동체 정서, 혼자 행동하기보다는 함께하기 원하는 정서, 그리고 선생님으로서 아이들과 사회에 존중을 받는 사람으로 최선을 다해 차려입는 정서말입니다. 걷기 힘든 길을 지나, 사람들로 가득한 버스에 올라타서 서서 와야 할 때도 있지만, 어김없이 화려한 색의 치마와 하이힐을 신고 출근하는 선생님들은 황량하고 낡은 셔틀버스 안을 정원과 같이 알록달록하게 만듭니다. 하지만 사방에서 모인 서로 다른 차림을 한 우리들이 가지고 있는 공통점이 있습니다. 바로 흙먼지를 뒤집어쓰고 있다는 것입니다. 모든 사람들이 '먼지투성이 사람들(Dusty People)'이 되어 버스를 타고 출퇴근을 합니다. 나이로비에서 콘크리트나 아스팔트길을 찾기 어렵기 때문에 셔틀버스 바닥에는 황갈색 흙과 모래가 발자국이 찍힐 정도로 쌓여 있습니다. 자연히 신발과 옷에 묻게 됩니다. 그래서 집에 와서 가장 먼저 하는 일도 머리부터 발끝까지 온몸의 먼지를 털어내는 일입니다.

그런데 하루 일과를 끝내고 집에 와서도 털어내지 못하는 것들이 있습니다. 내면 깊숙이 쌓여있는 마음속 먼지들을 털어내기란 쉽지 않습니다. 너무 오랫동안 쌓이고 쌓여서 굳어진 부분들이 많아 깨끗해지는데 시간이 참 오래 걸릴 것 같습니다. 그리스도의 복음의 빛을 선물하기 위해 이곳에 왔지만 나 자신을 고치지 않고는 다른 사람을 비출 수 없습니다. 마치 매일 아침 한 두 시간씩 힘들게 오는 선생님들도 있는데 고작 삼십 분을 걷는다고 불평하는 것처럼 말입니다.

그래서 저는 먼지를 털어내기 위해 한 번 더 인내하는 법을 연습하는 중입니다. 한 번 더 웃는 법을, 조금 더 사랑하는 법을 연습합니다. 빨리 용서하고, 지쳐도 한 걸음 더 걷고, 버겁더라도 하루씩 최선을 다하기 위해 훈련하고 있습니다. 진정한 복음을 선물할 수 있도록 제 내면을 고쳐달라고 아버지께 기도합니다. 이 모습 그대로 저를 사용하시는 주님의 사랑에 감동하며 아침을 맞습니다. 매일 먼지투성이인 저를 자상하게 털어주실 예수님을 오늘도 기대합니다.

2017년 9월 23일

새로운 선교를 꿈꾸며

　　우리 학교는 미국 캘리포니아에서 오는 미션 팀을 맞이하게 됩니다. 일주일 반 정도의 단기 선교를 위해 오는 이 팀은 매년 우리 학교와 주위의 몇 개 학교들을 위해 찾아옵니다. 약 10명 정도의 팀원들과 목사님 한 분으로 구성된 이들은 이곳 학교 아이들과 인근의 고아원 아이들을 섬기기 위해 다양한 프로그램들을 가지고 옵니다. 이들의 단기 선교 계획은 매년 동일합니다. 일주일 동안은 학교에서 'Holiday Fun Week'라는 여름 성경학교를 진행하고, 우리 학교 아이들과 함께 고아원으로 가서 함께 5일 동안 숙박하며 그곳과 그곳의 고아들을 섬기는 일정입니다.

　　다른 선교 준비 과정에서도 그렇듯이, 오기 전까지 그쪽 팀원들은 설레임과 기쁨 그리고 '모험'을 떠나는 탐험가와 같은 기분으로 준비합니다. '내가 하나님을 위해 아프리카까지 선교를 간다'라는 자랑스러움과 믿음의 표현을 할 수 있는 기회가 주어지기 때문입니다. 이에 더해 두렵고 떨리는 마음으로도 기도할 것입니다. 지금도 많은 이들에게 아프리카는 미지의 세계이기 때문입니다.

공항에서 그들을 맞이할 때면 두 가지 상반되는 얼굴 표정들이 보입니다. 신남과 두려움으로 가득 찬 단기 선교팀의 표정. 그리고 그와는 상당히 반대되는 이곳 현지 학교 선교사님들과 선생님들의 표정 속에 보이는 부담, 바쁜 일정으로 인한 분주함. 그들을 위해 숙소를 찾고 레스토랑을 알아보고, 대접할 사람들을 찾고, 케냐의 다양한 곳들을 구경할 수 있는 투어 일정을 잡고, 학교 내에서 진행될 여러 행사를 위한 준비까지…. 이 모든 것을 준비해야 하는 이곳 선생님들의 표정은 한없이 지쳐있어 어두워 보이기까지 합니다.

1~2주라는 정해진 시간 동안 오는 단기 선교팀의 프로그램은 늘 '학교, 학생들, 고아들'에게 초점이 맞춰져 있고 또 모든 것이 그 위주로 돌아갔다고 합니다. 새로 오는 단기 선교팀은 그래서 늘 이곳 선생님들과 선교사님들에게 또 다른 숙제와 일이 되고, 돌봐주고 투어를 시켜줘야 하는 '짐'과 같은 부담스럽기까지 한 존재가 되어 버립니다. 이미 선교지라는 타지에서 지쳐있는 선교사들과 전혀 다른 문화와 배경을 가지고 '선교'하기 위해 오는 단기 선교팀은 어쩌면 '장기적 영향력(Long Term Impact)'을 주기보다는 단기간에 엄청난 스트레스와 혼란을 주고 가는 경우가 생기기도 합니다.

정말 나이로비에 필요한 선교란 무엇일까요? 그리고 과

연 단기 선교를 통해 얻을 수 있는 것은 무엇일까요? 이곳 현지 선생님들, 선교사님들에게 짐이 되지 않는 단기 선교 방법은 무엇일까요? 어떻게 더 나아질 수 있을까요? 여러 가지 질문을 해봅니다. 이곳에서 10년 가까이 선교사로 섬기고 계시는 한 여자 선생님께 가장 원하는 것이 무엇인지 여쭤보았습니다.

"One night out with my husband. Someone to watch our kids and take care of the house." (남편과 하루 저녁 데이트할 시간이요. 누군가 와서 아이들과 집을 봐주었으면 좋겠어요.)

10년 동안 아이 둘을 키우고 집안일을 하고 남편을 도우며 선교사로 일하는 선생님에게 가장 필요한 것은 남편과 오랜만에 데이트할 수 있는 시간, 하루만 아이들을 봐줄 수 있는 누군가의 손길 그리고 엄마도 선생님도 아닌 여자가 될 수 있는 하루 동안의 자유였습니다.

아프리카에 온 지 3년째 되는 또 다른 젊은 여선생님께 여쭤보았습니다.

"무엇이 가장 필요하신가요?"

"Really good dinner at my favorite restaurant." (누군가 제가 가장 좋아하는 레스토랑에서 맛있는 저녁을 대접해주었으면 좋겠어요.)

맛있는 저녁식사, 이분이 가장 원하고 필요로 하는 것은 그저 누군가 자신에게 맛있는 저녁을 대접해 주는 것입니다.

형편이 어려워 본인이 가지 못하는 레스토랑에서 먹고 싶은 음식을 마음껏 주문해서 먹을 수 있는 것뿐이었습니다.

이제 케냐에 온지 3개월째 되는 선생님께도 여쭤보았습니다.

"무엇이 가장 필요하신가요?"

"I need more books to provide for children here. And also some of my favorite books and DVDS." (저는 이곳에서 아이들에게 보여줄 책이 필요합니다. 그리고 제가 좋아하는 책과 DVD도 있으면 좋겠습니다.)

'학교 집, 교회, 학교 집, 교회…' 다른 어떤 것으로도 스트레스를 풀기 어려운 이곳 나이로비의 상황을 이해하고 필요한 물품 후원(Resource)을 부탁했습니다.

마지막으로 이곳에 온 지 1년이 되어가는 선교사님에게 물었습니다.

"무엇이 가장 필요하신가요?"

"I just want someone to talk to. Someone to listen to my stories. I'm struggling with depression." (저는 그저 얘기할 누군가가 필요합니다. 제 얘기를 들어줄 누군가요. 저는 우울증에 시달리고 있습니다.)

이곳에서 생활하는 동안 다른 언어와 인종 그리고 사회와 시스템에서 받는 스트레스와 괴리감 그리고 외로움으로 인해 우울증에 시달리는 선생님은 그저 누군가 옆에 앉아 자신과 시간을 보내주고 집중해주고 이야기를 들어주길

학교 부활절 예배

원했습니다. 이런 간증들과 인터뷰 내용을 적어둬야겠다고 생각한 가장 큰 이유는 '단기 선교' 하면 떠올리는 목적과 내용, 준비해오는 것들이 과연 이곳에 얼마나 영향력을 미칠 수 있을까라는 고민이 계기가 되었기 때문입니다.

1~2주일 동안 아이들에게 모든 초점을 맞춰 그들의 삶에 일어날 변화를 기대하는 '선교'를 생각하기보다는, 초점을 살짝 바꾸어 긴 시간 동안 함께 먹고, 생활하고, 가르치는 리더들과 선생님들을 위한 후원과 프로그램이 준비된다면 이곳의 수많은 선교사님과 선생님에게 얼마나 큰 위로가 될지 생각해봤습니다. 결국 남아서 다시 학생들과 교제하고 가르칠 사람들은 현지에 있는 사람들이기 때문입니다. 이

곳 케냐에서 교육 선교사들이 정말 중요한 이유는, 이 나라가 겪는 가장 큰 문제가 리더십과 관련되어 있기 때문입니다. 지금 자라나는 초·중·고등학생들이 다음 세대 리더들이되어 정치와 사회 그리고 세계관을 바꾸어 갈 것이기에 이들을 가르치는 선생님들이 치유되고 회복되고 또다시 용기를 얻는다면 더 효과적이고 현지 상황에 맞는 '선교'가 될 수있을 것이란 생각을 해봅니다. 학생들이 변하기 위해서 1주일은 한없이 짧지만, 지친 선교사와 선생님 한 사람을 위로하는 시간으로 1주일은 결코 짧지 않습니다.

　나이로비 현장에서 지내면서 '선교란 무엇일까?'라는 질문을 더 깊이 해봅니다. 선교를 처음 결심하고 준비하는 과정에서 몰랐던 선교에 대한 개념과 세계관이 확립되고 믿음이 점점 커집니다. '내가 무슨 선교사야. 나는 부유층 학생들을 가르치고 있는 선생님이고, 학교도 못 다니는 어려운아이들과 함께 살고 있지도 않은데…. 이게 무슨 선교야.'처음에는 이런저런 생각으로 회의감이 들었던 것도 사실입니다. 하지만 이제는 새로운 세상과 선교의 시대가 열리고있다는 것을 실감합니다. 시대와 나라 그리고 사회적·경제적·교육적 상황을 파악하고, 이에 맞는 선교 계획과 전략을따라 기독교인으로 영향력을 미치고, 해당 국가나 민족의문화적 맥락 안에서 복음을 전하는 일이 필요하다고 생각합니다. 리더십의 문제가 심각한 케냐의 경우 상류층을 대상으로 하는 교육 분야 선교가 필요한 것처럼, 선교할 나라와 민족을 알고 이에 맞는 '전문 선교사, 교육 선교사'들이 더욱 필요한 시대입니다.

이러한 이유 때문에 지금까지 접근이 어려웠던 나라들에서 많은 선교의 문이 계속 열리고 있는 것 같습니다. 선생님들뿐만 아니라 엔지니어, IT 전문가 등등 다양한 분야의 전문인들이 와서 가르칠 수 있는 자리와 기회가 넘치게 존재합니다. 복음만 전하는 것이 아니라 사회를 바꾸어 나갈 수 있도록 기도합니다. 그래서 아프리카나 다른 제3세계 국가들이 새로운 세대를 이루어 한국과 미국 그리고 예전의 영국이 그랬던 것처럼 수많은 선교사를 배출하고 하나님 나라를 이루어갈 수 있기를 소망하며 기도하고 있습니다. 선교의 불씨를 이어받을 기회를 가진 아프리카와 또 다른 나라들을 위해 꼭 필요한 선교의 전략과 목적이 세워지기를 소망합니다. 그리고 많은 '단기 선교팀'들이 그 땅의 선교사님과 선생님들에게 필요한 것이 무엇인지 헤아려 주기를 바라며 이 편지를 보냅니다. 곧 오시리라 임마누엘!

2017년 7월 15일

쓰레기통

케냐에 있는 시간동안 주기적으로 여러 교회나 단체에서 단기로 선교팀들이 학교를 방문했습니다. 짧게는 며칠, 길게는 1~2주 정도 일정을 잡고 오는 팀들이 대부분이었습니다. 국적, 교파, 성별, 피부색도 다양했습니다. 하지만 대부분, 거의 99%의 방문객들이 동일하게 이야기하고 가는 것이 있습니다.

"입다 버리고 갈 것만 가져왔으니까, 어차피 여기 버리고 갈 거니까…."

그분들이 떠난 뒤 이곳에 남겨지는 물건들은 참 다양합니다. 그런데 사실 멀쩡한 물건들이 많습니다. 신발, 옷, 모자 등 이곳 현지 상점에서 사람들이 팔고 사서 입을 수 있는 수준의 것들이 버려집니다. 케냐를 떠나는 날, 그들은 버린 옷들 대신 좋은 새 옷, 새 신발로 갈아입고 돌아갑니다. 낡지 않고, 헐지 않고, 더럽지 않은 아주 예쁘고 아름다운 '새 것'들로. 처음 몇 번은 아무 생각 없이 보고 흘려들었습니다. 그런데 점차 시간이 지날수록 그 모습들에 화가 나는 나를 발견하게 되었습니다. 이런 생각이 들었기 때문입니다. '만약 이곳 사람들이 듣거나 알았다면 어떻게 반응할까, 비참해하거나 자존심이 상하지 않을까? 아니면 너무 당연히 이곳을 방문하는 외국인들이 자신들보다 돈이 많다고 생각하기 때문에 버리고 가는 물건들이라도 얻으려고 줄을 선다고 생각하는 걸까? 내가 속상해하는 것처럼 상처받고 속이 상하지 않을까?'

잠깐 왔다 가는 이들은 버리고 떠날 수 있는 자유나 선택지가 주어지지만, 사실 케냐인들에게 이 땅은 매일 만나는 일상으로 도망가거나 버리고 떠날 수 없는 현실입니다. 안타까움과 대상을 알 수 없는 분노로 가득 찬 마음으로 기도하던 중, 하나님께서는 1년 3개월 전 제가 어떻게 처음 선교를 시작했는지 성찰해보게 하셨습니다. 저 역시 똑같았다는 것을 깨닫게 되었을 때, 정말 마음이 아팠습니다. 얼마나 교만하고 잘못된 방법으로 처음 케냐와 케냐인들에게 다가 갔었는지 제 모습을 돌아보니 한없이 낮아지고 작아지더군요. 이곳에서 지내면서 입고 신던 것들, 사용하던 것들은 거의 대부분 한국에서 다시 사용하지 못할 것들, 버리고 갈 생각으로 가져온 물건들이 더 많았습니다. 그 순간부터 원래 입던 옷들과 신발들은 너무 좋으니까 '버릴' 상태의 것들만 가지고 와서 선교하고 가는 것이 과연 어떤 진심과 의미를 이곳 사람들에게 전달할 수 있을지 고민하게 되었습니다.

선교지에 본래 내가 아닌 '더 안 좋은' 상태로, 혹은 '다른

나의 모습으로' 왔다 가야 한다면 과연 그런 내가 하는 선교
는 어떤 의미인지 고민해볼 필요가 한 번쯤은 있지 않을까
요. 그런 면에서 선교지란 내 모습을 그대로 가지고 올 수
있는 곳이 되어야 하는 것 같습니다. 그것이 선교지에서 하
루하루를 현실과 싸우며 살고 있는 사람들을 향한 예의라는
생각이 듭니다.

아프리카는 쓰레기를 버리러 오는 곳이 아닙니다. 안 입
는 옷과 신발을 정리하고 가는 쓰레기통이 아닙니다. 아프
리카가 아닌 '어려운' 또는 '다른' 선교지들도 마찬가지겠지
요. '내가' 좋은 일을 한다는 '뿌듯함'을 느끼거나 무언가 '도
움을 주러 간다'는 태도가 아니라 선교지를 사랑하는 마음,
함께 하고 싶다는 마음, 배우려는 자세로 온다면 과연 어떤
모습으로 오게 될까요? 그리고 떠나는 그 자리에 무엇을 남
기고 갈까요?

'선교지'라는 이름이 붙으면 무언가 강한 영향력을 남겨
야 한다거나, 특별한 프로그램을 제공해야 한다는 생각을
하기 쉽습니다. 특히 단기 선교는 짧은 시간 내에 한 나라를
방문하는 것이기 때문에 더 그런 생각을 갖기 쉬운 것 같습
니다. 하지만 그 동기 뒤에 과연 누가 주인공 자리에 앉아있
는지 한 번쯤 질문해보는 시간이 필요한 것 같습니다. 내가
하나님을 위해 무언가를 했다는 기분과 성취감이 주목적이
되지는 않았는지, 과연 하려는 일이 그곳 현지 문화와 사회
적 문맥과 맞는 사역인지, 현장에 진정 필요한 것이 무엇인

지 고민하고 끊임없이 하나님 앞에 기도로 간구하는 과정이 꼭 필요하다고 믿습니다.

사실 어떤 모습으로 와도 괜찮습니다. 그것이 중요한 것이 아닙니다. 핵심은 선교지의 문화와 사람들을 존중하는 태도를 입고 오는 것입니다. 어떤 태도냐에 따라 진심이 전해질 것입니다.

제가 아프리카에서의 일정을 마무리하고 떠날 때 이곳에 쓰다 남은 물건들만 남기고 떠나지 않기를, 아주 작더라도 사랑과 주님을 닮은 향기를 남길 수 있기를 간절히 소망합니다. 케냐에서 제가 받고 얻어가는 것이 너무나 많기 때문에, 평생 갚지 못할 만큼의 많은 선물을 받았기 때문에, 이 값진 땅에 저 또한 그러한 선물을 조금이라도 남기고 갈 수 있기를 마음 깊이 하나님께 간구합니다. 그 어떤 소지품이나 물건보다 오히려 제가 더 겸손하게 쓰여져 닳아진 모습이 되어 돌아가기를, 그렇게 하나님 앞에 한없이 죄송한 마음으로 엎드려 기도합니다.

2018년 6월 14일

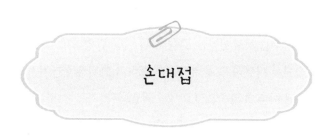

손대접

　　여러 가지 새로운 경험을 케냐에서 하게 되었지만,
가장 흥미로웠던 것은 이곳 현지 음식입니다. 음식은 여러
나라에서 그렇듯, 이곳에서도 중요한 부분을 차지합니다.
이곳의 대표적인 음료는 밀크티와 설탕의 조합으로 케냐인
들은 모든 티에 설탕을 넣어 먹습니다. 함께 중국 식당에 갔
을 때 나왔던 우롱차에 설탕을 넣으려던 친구들을 말리던
기억이 납니다. 음식에 대해 더 깊게 생각하게 되었던 진정
한 계기는 화장실 사건 때문이었습니다.

　6월 말의 어느 금요일 저녁, 학교를 마치고 늦게 집으로
돌아온 저와 제 룸메이트는 집에 물이 나오지 않는다는 사
실을 알게 되었습니다. 샤워실은 물이 나오지 않았고 싱크
대와 화장실 변기에도 물이 없었습니다. 여러 차례 경험했
던 상황이지만 그렇다고 더 쉬워지는 법은 없는 것 같습니
다. 불편함 때문에 부정적인 생각들이 들기도 합니다. 물이
끊긴 사실을 알게 되자마자 바로 집주인에게 전화를 걸어
사실을 알렸습니다. 그리고 늘 하던 대로 'Fundi(푼디)'에게

전화를 걸어 집으로 와달라고 부탁했습니다. Fundi(푼디)는 고쳐주는 사람이라는 뜻을 지닌 이곳 말입니다. 그는 전화 속에서 다급하고 울먹이는 목소리가 안타까웠는지 바로 다음 날 아침에 와주겠다고 약속했습니다.

다음날 토요일 오전 11시 10분. 우리 집에 문제가 생기면 늘 오는 'Fundi(푼디)'가 도착했습니다. 50대가 넘어 보이는 이 아저씨는 늘 온몸으로 수리를 해주곤 합니다. 맨손으로 더러운 수도관을 뚫어주고, 갑자기 터지는 물을 온몸으로 받아내 줍니다. 일이 다 끝난 후에는 젖은 바닥을 걸레로 깨끗하게 닦아 마무리해줍니다.

이곳에 살면서 자주 만나는 이웃 아닌 이웃인 이분에게 그날 특별히 고마운 마음을 표현하고 싶다는 생각이 들었습니다. 원래 예약을 하고 집까지 방문하려면 2~3일에서 2주까지 걸릴 수 있지만 한걸음에 바로 달려와 준 그 아저씨가 고마웠습니다. 그리고 너무나 열심히 고쳐주는 그분의 뒷모습을 보며 한편으로 아련한 마음이 들었습니다.

"팁을 좀 드려야 할까?" 제가 룸메이트에게 살짝 물어보았습니다. "아니, 안 돼. 그럼 이곳 시스템이 무너지게 될 거야." 제 룸메이트는 그가 집주인에게 월급을 받기 때문에 이곳 시스템을 존중해야 한다고 했습니다. 그래서 고민에 잠겼습니다. 어떻게 고마운 마음을 표현할 수 있을까? 갑자기 저희 눈에 들어온 것이 있었습니다, 소시지. 저희가 아침으로 소시지를 먹었던 것이 생각났습니다. 저희는 일을 마무

리해가는 아저씨에게 조심스럽게 물었습니다,

"Would you like to have some breakfast?" (아침을 좀 드시겠어요?)

그분은 놀라서 당황한 표정으로 저를 한참 쳐다봤습니다. 마치 처음 들어보는 질문인 것처럼 저를 바라보더니 머쓱 웃으며 말했습니다.

"Sawa." (네, 좋아요.)

그분은 어색하게 저희 거실 테이블에 앉아서 소시지를 굽는 저와 제 룸메이트를 기다렸습니다. 두리번거리는 모습에서 어색하지만 따뜻함이 느껴졌습니다. 성경에서도 음식은 마음을 표현하는 중요한 역할을 합니다. 목마른 사람에게 주는 물 한잔, 옆 사람과 함께 나눌 수 있는 소박한 음식이 우리를 훈훈하게 만듭니다. 그분에게는 오랜만에 느껴보는 신나고 따뜻한 마음이었을 것입니다. 이방인이었던 저 역시 손님을 대접하니 더 신이 납니다. 머물러 준 아저씨에게도 고마웠습니다. 밀크티, 소시지, 빵 두 조각. 이렇게 한 걸음 더 케냐에 다가갑니다.

2017년 7월 17일

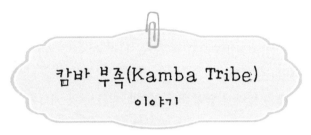

캄바 부족(Kamba Tribe)
이야기

길거리를 걸으면서 무언가를 먹는 것은 나이로비에서 부끄럽고 예의 바르지 못한 행동입니다. 그래서 케냐인들은 절대로 길에서 혹은 걸어 다니며 음식을 먹지 않습니다. 47개 부족이 있는 케냐에는 크고 작은 다양한 문화가 풍성하게 존재합니다. 모든 케냐인은 부족의 일원입니다. 부족마다 다른 문화와 시스템, 특색을 지니고 있습니다. 그리고 사람들은 자신의 부족에 대한 엄청난 애정과 자부심을 가지고 있습니다. 그들의 문화이고, 가족이며 역사이자 존재의 뿌리라고 여기기 때문입니다.

나이로비 학교에서 일하며 만난 친구 중 한 명은 'Kamba(캄바)'라는 부족에 속해있는데, 이 부족은 정략결혼이 전통적인 문화였다고 합니다. 어렸을 때 두 가정의 부모가 자신들의 아이를 서로 결혼시키기로 약속을 하게 되면, 남자아이가 여자아이에게 염소를 선물합니다. 그리고 여자아이는 성인이 되어 결혼하기 전까지 그 염소를 키웁니다. 이렇게 남자아이가 여자아이에게 염소를 선물했을 때 엄청난 약속이 둘 사이에 맺어집니다. 남자는 다른 여자를 보거나 탐해서는 안 되고, 여자는 순결하게 미래의 가정을 돌보듯 염소를 돌봅니다. 그리고 결혼을 약속한 후 두 가정의 부모님은 상대 가족의 전통에 대해 가르치고 배우게 합니다. 예를 들어 여자 쪽 집안에서 매 주일 저녁을 함께 먹는 의식이 있다면, 남자 쪽에서도 그렇게 할 수 있도록 가르치고 실행하는 것입니다. 그래서 결혼을 위해 다시 만나게 될 때, 서로를 위해 완벽하게 준비된 사람들, 상대의 문화와 약속을 존중하는 사람들로서 가족들의 축복 속에서 결혼식을 올립니다. 정략결혼이었음에도 불구하고, 신기하게도 이혼은 거의 찾아볼 수 없었다고 합니다. 부모님께 순종하는 문화, 상대를 위해 기다리며 준비하는 전통 때문이 아닐까 생각됩니다.

마음에 깊이 와 닿은 그들의 전통 중 하나는 '맹세(Oath Taking)' 문화였습니다. 캄바(Kamba) 부족은 또래 아이들이 어느 정도 성인에 가까운 나이가 되면 모아놓고 다음과 같은 맹세를 한다고 합니다.

1. Your family will be my family. (당신의 가족은 저의 가족이 될 것입니다.)

2. Your problems will be my problems. (당신의 문제는 저의 문제가 될 것입니다.)

3. Your children will be my children. (당신의 아이들은 제 아이들이 될 것입니다.)

4. If I see your woman in trouble or leaving you I will
bring her back to you. (당신의 아내가 곤경에 처하거나 당
신을 떠나게 되면 제 아내에게 하는 것처럼 당신에게 데려
다줄 것입니다.)

함께 맺은 이 맹세는 강력하고 영향력이 있어서 절대적
으로 지켜졌으며 어기면 큰 처벌을 받았습니다. 저는 이 문
화가 모범이 되는 모습을 많이 담고 있다고 느낍니다. 비록
돈이나 높은 빌딩, 혹은 기술이 없지만 서로를 향한 사랑과
우정 그리고 배려, 또한 순결과 의리가 그 뿌리에 존재하기
때문입니다.

이렇게 크고 작은 문화들을 아직도 지켜가고 있는 부족
들도 많지만, 내 마음을 아프게 했던 것은 이런 문화들이 아
프리카가 산업화하면서 파괴되고 변질되고 있다는 사실입
니다. 산업화가 시작되고 도시가 생기고 일자리가 생기자
케냐 사람들은 자신들의 땅과 부족을 뒤로하고 도시로 가거
나 전통과는 단절된 삶을 시작하게 되었습니다. 따라서 그
들이 오랫동안 지켜왔던 가족에 대한 문화, 공동체적인 유
대와 지원 그리고 세계관이 바뀌게 되었습니다. 돈 버는 것
이 목적이 아닌 삶을 살았던 사람들이 돈 버는 일에 집중을
하게 되고, 자연과 어울려 하나가 되어 살았던 사람들의 삶
에 자본주의의 그늘이 드리워지게 되었습니다.

한 나라의 전통과 역사가 보존되며 산업화나 자본주의
와 함께 균형을 이룰 수 있는 방법은 없을까 고민하면서 룻

에 대해 묵상하게 되었습니다. 모든 것을 창조하시고 자라게 하시는 하나님께서, 룻의 마음에 주셨던 선한 수용력을 개개인과 국가에게 주시기를 기도합니다. 사람의 손이 닿으면 부서지고 망가질 수 있는 가능성들로부터 지켜주시고, 하나님께서 개인과 국가가 올바르게 성장할 수 있는 능력을 주시기를 중보합니다.

제 삶도 하나님께서 동행하셔서 모든 부분들이 성장하기를, 그래서 온전히 하나님을 따라갈 수 있기를 기도합니다. 하나님께서 우리의 삶을 완벽히 통치하실 수 있도록 그분의 타이밍에 순종할 수 있기를 기도합니다. 그렇게 하나님의 뜻이 하늘에서 이루어진 것같이 땅에서도 이루어지도록 기도합니다.

2017년 5월 26일

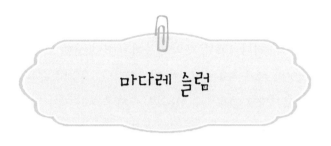

마다레 슬럼

      외국인 선교사가 케냐에서 현지인들처럼 산다는 것은 거의 불가능한 일입니다. 아무리 그렇게 하고 싶어도 말이지요. 특히 여자 외국인에게는 더 제한적인 것 같습니다. 제가 살고 있는 동네나 섬기는 학교는 사실 일반적인 케냐인들의 삶을 보여준다고 할 수 없습니다. 안전을 선택할 수밖에 없었기 때문에 저는 케냐에서 따지자면 상위 몇 %의 삶을 자연스럽게 살게 되어버렸습니다. 그런 보이지 않는 '풍선' 같은 울타리 속에 갇혀서 현지인의 삶과 거리 있는 일상을 보냅니다. 예를 들어 대다수의 평범한 현지 사람들처럼 길거리를 걸어 다니고 싶어도 치안이 좋지 않아서 밖으로 나가는 일을 줄이게 됩니다. 외국인들에게 마타투(현지 버스) 요금 20실링을 1,000실링이라고 속이는 일을 피하기 위해서 우버를 사용하게 됩니다. 교통수단뿐만이 아닙니다. 현지 사람들이 먹는 길거리 천막식당에서 밥을 먹고 싶어도 부담스러운 시선과 돈을 달라는 요구들 때문에 그곳을 피하기에 현지인들과 자연스럽게 어울릴 기회가 줄어듭니다. 여러 가지 다른 점 때문에 다른 출발점에서 시작하는 것 같습니다. 그들이 외국인에게 바라는 것, 기대하는 것 그리고 요구하는 것은 거의 대부분 친구나 우정이라기보다는 경제적인 도움이라는 것도 한몫을 차지합니다. 너무 오랜 시간 동안 다른 나라에 지배당한 노예제도의 아픈 상처와 흔적이 이렇게 아직도 남아있습니다.

케냐인들 중 정말 어려운 대부분의 사람은 슬럼에 거주합니다. 슬럼가에 들어가는 것은 위험한 일이기 때문에 현지인들과의 교제는 쉽지 않습니다. 이런 제한된 삶 속에서 과연 선교사로서 케냐인들과 함께 삶을 살았다고 할 수 있는지 질문하고는 했습니다. 대다수의 케냐인들이 살고 있는 현실을 겪어 보았다고 할 수 없기 때문입니다. 주변을 맴도는 것 같은 기분이 들 때면 허무하고 무엇보다 미안했습니다.

그러던 중에 나이로비에 위치한 Missions of Hope International(MOHI)이라는 단체를 알게 되었습니다. MOHI는 지역을 통한 전도를 중점으로 사역하는 단체입니다. 슬럼 등 경제적으로 가장 어려운 케냐의 지역들을 돕는데, '밖'에서 도움을 주기보다는 그 안에 살아가는 사람들이 자신의 필요를 스스로 깨닫고 자신의 관점에서 문제를 직접 해결할 수 있도록 돕는 역할을 합니다.

MOHI에서 가르치는 가장 중요한 가치관 중 하나는 문제에 대해 자신이 해결책이 될 수 있다는 것입니다. 매번 다른 나라나 단체 또는 기관에 손을 벌려 짧게 후원을 받는 것이 장기적으로 문제들을 해결해줄 수 없다는 것을 알기 때문에, 본인들이 속한 사회에서 서로 힘을 합쳐 지속 가능한 생활 방식을 찾을 수 있도록 도움을 줍니다.

간단한 예를 들면 슬럼가 지역에 있는 여성들에게 바느질, 머리 손질법, 네일아트 등 다양한 스킬을 가르쳐주고 사회에서 자리 잡을 수 있도록 도와주거나, 학교를 만들어 슬럼가 지역의 어린이들에게 교육을 제공하는 다양한 사회 경제적 사역들이 진행 중입니다. 케냐인들의 문제는 케냐에서 해결해야 한다는 그들의 미션이 저의 마음에 크게 와닿았습니다. 그래서 몇 주 전 그들의 오피스를 방문한 저는 슬럼가를 방문할 수 있는 기회를 얻게 되었습니다. 혼자서는 절대로 가보지 못했을 슬럼가를 말입니다.

MOHI 오피스는 마다레 벨리(Mathare valley)라고 불리는 빈민가 변두리에 자리 잡고 있습니다. 마다레 슬럼(Mathere Slum)은 나이로비에서 가장 오래된 슬럼 지역 중 하나입니다. 총 10지역으로 나뉘어져 있는데, 각 지역을 'Village(마을)'라고 부르기도 하고 'Zone 1, Zone 2' 등 'Zone(존)'으로 칭하기도 합니다. 각 'Zone'들은 정말 짧은 거리로 나뉘어져 있었습니다.

MOHI 스태프들에 의하면 현재 각 'Zone'당 약 80만 명 정도 되는 인구가 거주하고 있다고 합니다. 어떤 조사에 따르면 빈민가의 제곱킬로미터 안에 50만 명이 넘는 사람들이 살고 있습니다. 면적에 비해 엄청난 인구가 살고 있는 것입니다. 충격적인 사실은 마다레 슬럼이 제가 살고 있는 동네와 차로 고작 15분 떨어진 거리에 위치해 있었다는 것입니다. 겨우 15분 거리에 이렇게 많은 인구의 사람들이 열악한 상태 속에 살아가고 있다니, 저와 현지인들의 삶이 얼마나 가깝고도 먼 곳에 있는지 다시 한번 체감할 수 있었습니다.

MOHI 오피스에서 짧은 설명을 듣고 스태프 두 명과 함께 직접 슬럼가를 방문할 수 있었습니다. 소지품과 가방을 모두 MOHI 오피스에 두고 갈 것, 만나는 누구에게도 그 어떠한 사회적이나 경제적인 약속을 하지 말 것, 자신의 신상이나 전화번호를 주지 말 것 등 모두의 안전을 위해 여러 지침들을 듣고 출발했습니다. 실제로 눈앞에 펼쳐진 슬럼가의 생활과 문화는 생각했던 것과도 많이 달랐습니다.

"Every morning they wake up just to find 'chance' of a job." (그들은 매일 아침, 일거리를 잡을 수 있는 기회를 소망하며 하루를 시작해요.)

저와 함께 걸으며 슬럼 지역을 소개해주는 MOHI 스태프가 빈민가의 구석구석을 보여주며 그들의 삶에 대해 설명했습니다.

이곳 슬럼가의 변기는 공짜가 아닙니다. 대부분의 집안에는 화장실이 없기 때문에 사람들은 노상 방뇨 등 길거리에서 필요를 해결하고는 했다고 합니다. 그들이 슬럼가에서 사용한다는 'Flying Toilet(나르는 변기)'은 집에서 플라스틱 봉지나 종이에 변을 보고 밖으로 던지는 행위에서 나온 이름입니다. 그렇게 변을 밖으로 마구잡이로 던지다 보니 자연스럽게 동네가 오염되고 콜레라 등 질병이 생깁니다. 특별히 학교를 못 가고 종일 구걸하거나 밥을 찾아 뛰어다니고, 음식을 주워 먹는 아이들은 이런 질병에 더 많이 노출되어 있었습니다. 하지만 이 지역에서 MOHI 사역이 시작된 뒤 공동 화장실이 생겼습니다. 슬럼가에 거주하는 주민들이 화장실을 설치할 수 있는 땅을 준비하여 공동 화장실을 만드는 법을 알려달라고 부탁했다고 합니다. MOHI에서는 그들이 직접 화장실을 짓고 설치하고, 관리할 수 있는 방법을 마련해 주었고, 사람들은 매번 10실링을 내고 화장실을 사용하게 되었습니다. 이 일을 통해 화장실을 관리하는 사람, 고치는 사람, 청소하는 사람들이 필요하게 되면서 일거리 또한 창출되었습니다. 자발적으로 문제를 해결하는 MOHI의 미션처럼 말입니다.

MOHI 단체가 슬럼가에서 중점을 두는 일 중에 학교 사역도 있습니다. 슬럼가 지역의 여자아이들은 어리면 여덟 살 때부터 결혼을 한다고 합니다. 결혼이라기보다는 사실 낙타 4~5마리나 양 몇 마리에 팔려가는 것입니다. 그 정도 지참금을 여자아이의 부모에게 제공해줄 수 있는 대부분의 남자는 나이 많은 할아버지들이나 아저씨들입니다. 돈이 부족한 부모들은 여자아이들을 시집보내는 것을 통해 생계를 유지하곤 합니다. 그래서 20명 남자아이와 20명 여자아이가 처음 학교에 입학하면 졸업할 때쯤에는 여자아이가 1명 남을까 말까 한 것이 이곳 현실입니다. MOHI는 그런 여자아이들을 위해 교육을 지속할 수 있고 결혼 대신 돈을 벌수 있는 미용 같은 다른 기술을 가르쳐주고 있습니다.

그곳에서 듣고 보는 모든 것들이 마음 아팠습니다. 하지만 슬럼가를 방문하면서 개인적으로 가장 마음 아팠던 부분은 장애우들에 대한 그들의 고정관념이었습니다. 슬럼지역의 사람들 대부분은 한 번도 교육을 받지 못하고 자라는 경우가 대부분입니다. 교육의 기회를 찾아보기가 참 어렵습니다. 그래서인지 많은 사람들이 장애를 가지고 태어나는 아이들을 악마에 씌웠다고 생각하고, 그런 아이를 낳은 자신을 죄스럽게 생각합니다. 따라서 그 아이들은 버려지거나, 집 안 깊숙이 꽁꽁 묶인 채 다른 사람들의 시선으로부터 숨겨져 있습니다. 아파도 병원에 가지 못하고 햇볕도 제대로 보지 못합니다. 사실 장애를 가진 아이들은 슬럼 지역의 여성들이 몸을 팔아 돈을 벌거나, 부모들이 마약을 하거나, 깨끗하지 못한 환경에서 살면서 아이를 낳는 과정 중에 생겨납니다. 그리고 돈이 없어 집에서 아이를 낳는 과정에서 실수로 멀쩡한 아이가 장애를 갖게 되기도 합니다. 최근 MOHI에서는 장애우와 그들의 부모들을 위해 장애우 올림픽을 열었다고 합니다. 안전한 공간 안에서 휠체어도 제공하고 게임도 하며 서로 어울리고 숨기기만 했던 자녀들을 밖으로 드러낼 수 있도록 도왔습니다. 그제서야 많은 부모가 나 혼자 장애 자녀를 가진 게 아니라 내 이웃도 같은 입장이라는 것을, 그리고 아픈 아이를 가진 슬픔을 함께 공유할 수 있는 사람이 주위에도 있었다는 것을 알게 되었다고 합니다. 그날 아이들을 데려온 부모들이 울면서 이렇게 말했다고 합니다. "이제 숨기지 않아도 됩니다. 내 아이도 나도 '죄인'이 아닙니다."

함께 빈민가를 방문했던 스태프에게 이런저런 이야기를 들으며 슬럼가 지역을 걷다가 한 가정집에 초대를 받게 되었습니다. MOHI 학교에 다니는 학생의 집이었습니다. 학생의 어머니를 뵙고 잠시 이야기를 나눌 수 있었습니다. 쓰레기와 진흙더미 언덕에 자리 잡은 그녀의 집은 대략 2~3평 정도 되어 보였습니다. 그저 함석판으로 대충 벽을 만들어 겨우 집 모양만 갖췄기 때문에 천장과 벽에서는 비가 새고 바닥은 진흙이었습니다. 그래도 손님이 오면 잘 대접해야 한다는 케냐의 문화 때문에 한복판에 천을 덮은 넓은 소파 모양의 손님용 가구만 덩그러니 자리하고 있었습니다.

그녀의 이름은 제니퍼로 다섯 아이의 엄마입니다. 영어를 하지 못했기에 MOHI 스태프의 도움을 받은 그녀는 저에게 편하게 앉으라고 말하고는 덤덤하게 자신의 기도 제목을 나누었습니다. 그리고 저에게 기도해달라고 했습니다. 자신의 아픈 아이들, 아파서 학교를 못 가고 한 달째 집에 있는 아들들을 위해 기도해달라고 했습니다. 그리고 자신에

마타레 슬럼

게 아이들을 먹여 살릴 수 있는 작은 일자리를 주시도록 기도해달라고 부탁했습니다. 돈을 달라는 것이 아니었습니다. 그녀가 저에게 부탁한 것은 다름 아닌 기도였습니다. 어쩌면 저 역시 현지 케냐인들을 향한 선입견으로 벽을 만들고 있었는지 모르겠습니다. 그녀를 위해 작은 집 안에서 하나님께 기도했습니다. 눈물을 숨기기 위해 애썼습니다. 동정하는 것으로 보이고 싶지 않았기 때문입니다. 아픈 자를 긍휼히 여기시는 하나님께서 이 가정에 은혜를 입혀주시기를 기도하였습니다. 병든 자들을 직접 찾아가시고 잊지 않으신 예수님의 치유가 함께하기를 간절히 소망했습니다. 기도를 마치고 난 뒤 저희는 그녀에게 말했습니다.

"I will remember you." (당신을 기억할게요.)

설명하지 못하는 먹먹한 침묵과 함께 그녀의 집을 나섰

습니다. 떠나기 전 그녀가 말했습니다.

"Karibu, Asanti Sana." (환영해요, 정말 고맙습니다.)

그 날 저는 정말 찾아가기 원했던 슬럼 지역을 방문하였고, 더 감사하게도 그곳에 거주하고 있는 한 가정과 잠시나마 교제할 수 있었습니다. 그리고 그들이 가진 아픔과 삶의 구멍들을 보았습니다. 그날 펑펑 울면서 깨달은 것이 있습니다. 크고 작은 삶의 구멍이 나 있는 것은 하나님께서 채우실 자리, 임재하실 공간을 마련하기 위함이라는 것을 말이죠. 하나님께서 무언가를 가져가실 때, 누군가를 잃어버렸을 때, 너무나 어렵고 큰 구멍이 가슴 속에 생길 때는 그저 '하나님이 채우실 준비를 하시는구나'라는 생각을 해야겠습니다.

저를 초대해준 슬럼가의 제니퍼를 생각하며 편지를 마칩니다. 하나님 안에서 함께 할 수 있었던 그 순간을 감사드립니다. 이제야 진정한 케냐의 모습을 본 이 나쁜 외국인 선교사에게 마음을 열어준 그녀를 축복합니다.

2018년 6월 7일

유성우가 내리는 밤

KPLC(케냐 파워, 케냐의 전기 회사)의 시스템에 문제가 생겨 3박 4일동안 전기와 물이 끊긴 적이 있었습니다. 이곳에서 가장 오랫동안 전기와 물이 끊어졌던 시간이었습니다. 케냐의 가장 큰 취약점을 꼽자면 제대로 된 전기와 물 공급 시스템이 없다는 것입니다. 일단 집에 전기가 나가면 인터넷도 함께 끊어집니다. 그리고 몇 시간 뒤 차례대로 샤워실, 싱크대, 변기의 물도 끊깁니다. 전기가 없으면 물탱크에 더는 물이 공급되지 않기 때문입니다. 하루가 지나면 서서히 냉장고의 냉동실 안의 얼음이 녹기 시작합니다. 그 물이 부엌 바닥에 잠기게 됩니다.

문제를 해결해달라고, 전기가 끊어졌으니 고쳐달라고 KPLC에 전화를 걸면 "누군가를 보내주겠다, 벌써 누군가가 가는 길이니 기다려라, 고쳐져 있을 테니 전화하지 말아라"라고 답합니다. 하지만 기다리고 기다려도 해결되지 않아 또 전화해보면 "오늘은 해주겠다, 오늘 밤 안에는 해결해주겠다…"고 하지만 그들의 호언장담에도 불구하고 문제를 해결해주러 오는 사람은 아무도 없었습니다. 다시 전화해서 진행 상황을 물어보면 매번 무슨 상황인지 전혀 모르는 다른 사람이 전화를 받아 처음부터 다시 설명해야만 했습니다.

그동안 당연하다고 여기며 사용해 왔던 전기와 물을 사용하기 위해서 씨름하는 일이 얼마나 사람을 지치게 하는 것인지 예전엔 몰랐습니다. '학교를 다녀오면 전기가 돌아와 있겠지, 자고 일어나면 돌아와 있겠지…' 이렇게 생각했지만 3일 동안 어두운 집의 문을 열면서 매번 실망해야만 했습니다.

케냐에서는 평범한 일인지도 모르겠습니다. 케냐 친구들 대부분은 일주일에 물이 두 번밖에 나오지 않는 환경에서 생활하고 있습니다. 그래서 물이 나오는 날 받아두었다가 샤워, 화장실, 요리 등 물이 필요한 곳에 사용합니다. 전기가 없는 집들이 대부분으로, 밤이 되면 촛불을 켜고 불을 지펴야 볼 수 있습니다. 물이 매일 나오고, 전기가 있는 집도 일주일에 한두 번은 꼭 말썽을 부립니다. 하루 종일 정전이 될 때도 있고, 30분에서 2시간 정도의 짧은 정전은 하루에도 몇 번씩 있을 때가 많습니다.

사실 정전이 되서 전기를 쓸 수 없다는 것보다 언제 전기가 나가고 들어올지 모른다는 두려움이 지치게 만듭니다. 전기가 나가는 순간 그 자리에서 삶이 멈추고, 고립되는 것 같은 기분에 가슴이 철렁 내려앉습니다. 질끈 눈을 감아도,

떠도 변하지 않는 어두움에 섞여 외로움도 함께 찾아옵니다. 그래도 캄캄한 어둠 속에서 하나님께서 함께 계신 것을 확신할 수 있던 이유는 변함없이 아침을 밝히는 태양이 떠오르기 때문이었습니다.

너무 길게 느껴졌던 3박 4일 이후 전기가 돌아왔지만 사흘 후 다시 한번 정전이 되었습니다. 그 순간 가슴이 다시 철렁 내려앉으며 차가운 두려움이 엄습해 왔습니다. 해가 뜨려면 너무 오랜 시간이 남았는데 어떻게 견뎌야 하지…. 고요한 정적 속에서 저는 초를 들고 멜모의 방으로 갔습니다. 그리고 저희는 이불을 둘러쓰고 빨래를 널어놓는 아파트 옥상으로 올라갔습니다. 시원한 밤바람과 함께 하늘을 올려다봤습니다. 그런데 하늘이 평범하지 않았습니다. 구름 사이로 수많은 푸르게 반짝이는 별들이 하늘을 가로질러 내리고 있었습니다. 멜모가 한층 밝아진 목소리로 말했습니다. "오늘 유성우(meteor shower)가 있는 날이야!" 11월 18일 토요일, 칠흑 같이 캄캄했던 그 밤은 마침 레오니드(Leonid)라고 불리는 유성우가 내리는 밤이었습니다. 정전으로 저희가 사는 동네의 모든 불이 꺼진 그 순간 어둠 속에서 저와 멜모는 그동안 봤던 것들 중에서도 가장 선명하고 아름다운 별들을 보았습니다. '빛의 비'가 내리는 것같이 아름다운 별들이 가득한 밤이었습니다. 어두움 가운데서도 우리를 지키시는 하나님께서 아름다운 별들을 선물로 주고 싶으셨나 봅니다.

'별들이 이렇게 밝고 푸른색이었나. 하나님, 별들이 참 예쁘네요….'

잠시 어두울 수는 있으나 하나님이 안 계신 것은 아닙니다. 해가 없어도 별과 달로 저를 위로하시는 하나님의 거룩한 빛이 하나님의 임재로 다가온 밤이었습니다. 그리고 그때 옥상에 서 있는 저와 멜모가 하나님 앞에서 별들보다 아름답게 반짝이는 소중한 존재라는 것을 알게 하셨습니다. 그날 밤, 세상의 그 어떤 것도 끌 수 없는 주님의 빛이 세상을 다 가진 것처럼 저를 깊게 위로하였습니다.

2017년 12월 8일

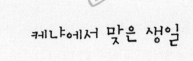

케냐에서 맞은 생일

생일은 특별한 날입니다. 어느 곳에서나 그렇지만 특히 케냐에서는 더욱 더 큰 의미를 지닌 날인 것 같습니다. 이곳에서는 생일날 케이크를 모두 함께 나눠먹는 전통이 있습니다. 생일자가 3kg 정도 되는 케이크를 가져와 식탁 위에 올려두면 주위에서 함께 모여 생일 축하 노래를 불러줍니다. 한국에서 부르는 생일 축하 노래와는 조금 다릅니다.

"Happy birthday Happy birthday
May the Lord God bless you."

(생일 축하 합니다 하나님의 축복이 당신에게 가득하기를.)

생명을 주신 하나님께 감사를 드리며 그분의 이름으로 생일을 맞은 사람에게 축복을 빌어줍니다. 그리고 주위 모두가 누구의 생일인지 정확하게 알 수 있도록 생일자의 얼굴에 생크림을 묻혀놓습니다. 그리고 생일을 맞은 우리 학생들은 케이크가 잔뜩 쌓인 접시를 들고 학교 곳곳을 돌아다니며 사람들에게 먹여주고는 합니다. 그리고 덕담을 듣습니다,

"May you have many more." (앞으로 더 많은 생일들을 맞이하길 바래요.)

케이크를 나누는 보답으로 따듯한 축복을 받는 것입니다. 이렇게 케냐에서는 한 살을 더 먹는다는 것 자체가, 일

5학년 학생들과 함께

년을 더 살아냈다는 것이 모두가 축하하는 아주 소중한 일입니다. 며칠 전 이곳에서 맞이하게 된 저의 두 번째 생일도 소중한 서프라이즈로 가득했습니다. 출근길에 학교 정문으로 들어서자마자 우리 반 아이들이 입가에 함박웃음을 달고 달려왔습니다.

"Miss Grace, open the classroom, open the classroom!"

(선생님, 빨리 교실 문 좀 열어주세요!)

아이들에게 등 떠밀려 아침에 제가 출근하기 전까지 잠겨있던 교실 문을 열어주었습니다. 여느 때처럼 가방을 풀고 학생들의 알림장을 확인하려 하는데 책상에 앉기도 전에 아이들이 황급히 저를 독촉하며 말했습니다.

"Miss Grace, go get your morning tea! Go to the bathroom or something." (선생님, 빨리 아침에 마시는 차 가지러 가세요. 아니면 화장실로 가시던가요.)

무언가 수상한 냄새가 난다 싶었지만 들떠있는 아이들에게 못 이기는 척 속아주며 교무실에 가서 따듯한 물 한 잔을 마셨습니다. 교실로 돌아오는 길에 몇 가지 이상한 점이 느껴졌습니다. 교실 불이 꺼져있고, 교실 주위가 폭풍 전야처럼 고요했습니다. '이렇게 조용할 수가 없는데….' 묘한 긴장감 속에서 교실 앞에 도착해 문을 열었습니다. 그 순간 알록달록한 색의 2~30개 정도 되는 풍선들이 눈 앞으로 쏟아져 왔습니다.

"Happy Birthday Miss Grace!" (생일축하해요 선생님!)

한목소리로 외치는 학생들의 목소리에 저도 모르게 울컥했다가 뒤이어 아이들의 이야기에 저절로 미소가 지어졌습니다.

"Miss Grace, I blew so many balloons I think I'm going to pass out." (풍선을 너무 많이 불어서 기절할 것 같아요, 선생님.)

"I think my lungs have blown up." (저는 폐가 터진 것
같아요.)

재잘재잘 품에 안기며 자신들의 위대한 업적들을 설명하
는 아이들의 모습에 웃음이 나왔습니다. 나름대로 아침 일
찍부터 풍선도 사와서 열심히 불고 테이프로 벽에 붙이며
엄청 바쁘게 준비했던 모양입니다. 제가 선생님이라서 그
런지 아이들은 생일선물로 마치 짠 것처럼 책을 준비했습니
다. 가지고 있던 낡은 책부터 새 책 같아 보이는 것까지 모
양과 상태는 다양했지만, 모든 선물이 감동이었습니다.

그렇게 신나게 학생들과 오전 시간을 보내고 점심시간이
되었습니다. 그런데 또 수상한 기운이 스멀스멀 아이들 가
운데서 흘러나오기 시작했습니다. 보통 우리 학교에서는
돌아가며 당번을 맡은 학생들이 점심 식사한 테이블을 치워
야 합니다. 이 일은 학생들이 가장 하기 싫어하는 일 중 하
나입니다. 빨리 밥을 먹고 가서 놀아야 하는데 점심 청소 당
번인 날은 모든 반 학생들이 다 먹을 때까지 기다렸다가 테
이블 청소까지 해야 하기 때문입니다. 그런데 아이들 모두
번개같이 식사를 끝내더니 한 사람도 빠짐없이 테이블을 쓸
고 닦고 청소하기 시작하는 것입니다. 학생들은 어느새 깔
끔해진 테이블 가운데로, 입을 다물 줄 모르고 서 있던 저를
끌고 갔습니다.

"Miss Grace, Please sit down over here." (선생님, 여기
앉으세요.)

학생들은 막무가내로 저를 테이블 중앙에 있는 소위 '왕자리'에 앉히고는 들뜬 목소리로 말했습니다.

"Year 5 is the best class ever. I'm going to fail so I can be in year 5 again!" (5학년이 최고예요. 일부러 낙제해서 또 들어올 거예요.)

"We have another surprise for you!" (선생님을 위해 또 서프라이즈를 준비했어요!)

그리고 그렇게 웅성웅성하는 학생들 사이로 커다란 케이크가 모습을 드러냈습니다. 케이크 중앙에는 네모난 초콜릿이 있었는데, 이렇게 적혀있었습니다.

"Happy Birthday Miss Grace." (선생님 생일 축하드려요.)

소원을 빌고 촛불을 끈 뒤 아이들은 제 얼굴을 생크림 범벅으로 만들어 주었습니다. 그리고는 작게 조각조각 자른 케이크를 학교 구석구석으로 가져가 사람들에게 나누어주며 이렇게 부탁하고 다녔습니다.

"Wish Miss Grace many more!" (우리 선생님이 더 많은 생일을 맞이할 수 있도록 축복해주세요!)

28번째 맞이하는 생일은 지금까지 보냈던 생일 중 가장 행복했던 시간이었습니다. "선생님 생일이 매일매일 계속됐으면 좋겠다"는 학생들을 보면서 제가 정말 사랑받고 있다는 사실을 다시 알게 되었습니다. 아무것도 아닌 저를 선생님으로 바라봐주고 무조건적으로 사랑해주는 학생들을 통해서 말이지요.

　사실 그동안 케냐에서의 시간이 언제나 이렇게 행복하지는 않았습니다. 특히 지난 학기와 이번 학기는 많이 힘들고 지친 가운데 케냐에 돌아왔었고, 저를 기다리고 있던 학생들을 돌볼 생각이 엄청난 부담감으로 다가오는 가운데 학기를 시작했었습니다. 그런데 책임감으로만 느껴졌던 학생들이 이제 와서는 저를 살렸다고 고백하게 되었으니 하나님의 섭리에 놀랄 뿐입니다. 힘들어도 다시 일어나야 하는 이유가 된 아이들, 저를 매일 아침 일어나게 만들었던 학생들이 있어서 주저앉아있지 않고 한 걸음 한 걸음 여기까지 올 수 있었습니다.

　생명을 주신 하나님 아버지께 감사를 드립니다. 가족과 친구들, 익숙한 환경과 떨어져 비행기로 20시간 정도 거리인 먼 케냐에 있지만, 그날만큼은 전혀 외국인 같지 않은 하루, 외롭지 않은 하루를 보냈습니다. 저의 새로운 가족들 때문에.

2018년 5월 10일

케냐 국립극장(Kenya National Theatre)에 서다

우리 학교 중학생들은 매년 3학기 말, 즉 6월 중순쯤에 저학년 학생들과 부모님들을 모시고 뮤지컬 등의 공연을 합니다. 처음 케냐에 도착했던 2017년 4월 학기에도 뮤지컬 '올리버 트위스트'를 한창 준비하던 중이었습니다. 당시 뮤지컬 감독을 맡았던 케냐인 선생님의 지도방법이 강압적이었고, 아이들 역시 자발적이지 않다 보니 점점 무대예술에 대한 아이들의 생각이 부정적으로 변하는 것을 느낄 수 있었습니다.

올해 역시 1월부터 6~9학년(중학생 또래 아이들) 학생들과 함께 뮤지컬을 준비하게 되었습니다. 제가 꿈꿔 왔던 창의적이고 관계 중심적인 드라마 활동에서 너무 먼 '반 강제적인' 상태로 진행됐었기 때문에 두렵고 조심스러운 마음으로 아이들에게 다가갔습니다.

제가 아이들과 함께 공연하기 원했던 뮤지컬은 브로드웨이와 한국에서도 공연된 적 있는 '유린타운(Urinetown)'이라는 작품입니다. 이 뮤지컬은 물 부족 현상으로 용변권을 통제당하는 미래 사회가 배경입니다. 클로드웰이라는 악독한 사장이 운영하는 회사가 도시의 화장실을 모두 통제하는 상황에서 가난한 시민들은 이용료를 지불해야 화장실을 이용할 수 있습니다. 경찰 및 정치가들과 손잡은 클로드웰 사장은 시민들에게 화장실 사용 비용을 거둬들여 부를 축적하고, 만약 이를 어기는 사람이 있다면 유린타운이라는 곳으로 보내버립니다. 뮤지컬 유린타운은 이처럼 부패한 권력층과 자유를 염원하는 시민들의 대결을 다룬 대중적인 작품이라고 볼 수 있습니다.

이 뮤지컬을 선택했던 이유는 환경의 어려움과 부패한 정치가 케냐의 상황과 많이 흡사하다고 여겨졌기도 하지만 무엇보다 블랙 코미디 장르이기 때문입니다. 아이들이 즐겁게 참여하기를 원했으니까요. 하지만 아무리 좋은 작품이라도 공연을 하려면 먼저 상처받았던 아이들의 마음을 다독여주어야 했습니다. 그래서 고민 끝에 6개월 동안 함께 지켜나갈 몇 가지 규칙을 정했습니다.

우선 모든 리허설을 기도로 시작했습니다. 흥분해서 뛰어다니던 아이들도 기도로 시작하면 조금 차분해지고 진중해지는 것을 느꼈습니다.

둘째, 연습 시간마다 아이들에게 맛있는 음식을 제공했습니다. 학교에서 간식이 나오지 않기 때문에 아이들이 원하는 달달한 사탕이나 브라우니, 초콜릿과 피자 등 먹을 수 있는 음식을 미리 준비했습니다.

셋째, 연습이 끝날 때는 늘 아이들이 선곡한 신나는 음악을 틀어주고 마음껏 뛰어놀고 춤추게 해주었습니다. 리허설 시간을 조금 줄이더라도 아이들이 서로 교제하며 놀 수 있는 여유를 갖길 원했습니다.

넷째, 아이들에게 선택권을 주고 사소한 것도 허락을 구했습니다. 연습 시간을 언제로 할지, 혹시 시간이 괜찮은지 아이들 스스로 결정할 수 있도록 물어보았습니다. 말없이 가끔 '땡땡이'를 치고 리허설에 빠지는 학생들도 혼내지 않았습니다. 다음 리허설에 와줄 수 있겠냐고, 조금은 불쌍해 보일 정도로 정중하게 물어보았습니다. "선생님을 도와줄래, 네가 꼭 필요하단다" 하며 말이죠.

다섯째, 드라마에 참여하는 아이들이 학교 내에서 돋보일 수 있도록 '드라마 클럽' 아이들만 참여할 수 있는 크고 작은 이벤트를 만들어 소속감을 갖도록 애썼습니다. 그래서 공연이 끝나고 아이들을 위해 큰 파티를 열어주기로 약속도 했습니다. 연예대상처럼 레드카펫도 깔아주고 포토월도 만들어주고, 멋진 드레스와 턱시도도 함께 하는 파티를요.

마지막으로 개개인의 창의적인 면들을 존중해 주었습니다. 어떤 스타일로 연기를 하고 싶고 노래하고 싶은지 전적으로 아이들의 해석에 맡겼습니다. 저는 가이드라인을 제시해주고 배경 설명을 해줄 뿐, 자신들의 색깔을 입혀 캐릭터를 표현해내기를 바랬습니다.

이 과정에서 많은 변화를 볼 수 있었습니다. 처음 리허설을 시작했을 때에는 쭈뼛쭈뼛 저의 인사도 받아주지 않고, 무대 위에서 서로 어색해하던 아이들이 중간쯤 지나자 어느 순간부터 웃고 있는 것을 볼 수 있었습니다. 점진적인 변화였지만 리허설 있는 날에는 먼저 예습을 해오고 시키지도 않았는데 대사를 외워오기 시작했습니다. 그리고 준비과정의 끝 무렵에는 점심시간에도 리허설 하기를 원한다며 자발적으로 우리 반에 찾아오는 학생들이 많아졌습니다. 서로를 이해하는 가운데 따듯한 관계가 형성되고 있다고 느꼈습니다. 마침내 정말 기적처럼, 어느 순간부터 리허설 때 천방지축 뛰어다니고 도망만 다니던 학생들이 제 이야기에 집중하는 모습을 보게 되었습니다. 참으로 보람과 감동의 순간이었습니다. 학교 공연을 2주 앞두고 있던 어느 날, 가장 떠들고 산만하지만 가장 중요한 역할을 맡아서 저를 힘들게 했던 아이가 저를 찾아와 말했습니다,

"Miss Grace, Thank you for being so kind to us." (선생님, 저희한테 친절하게 대해주셔서 감사합니다.)

그때 알았습니다. 아이들의 마음을 움직인 것은 다른 어떤 것보다 '친절함(Kindness)'이라는 사실을 말입니다. 사실 뮤지컬을 준비하는 과정에서 학생들과 학교 공동체 안에 회복이 일어나기를 소망했고 기도해왔습니다. 공연의 성공과 실패보다 아이들의 마음에 회복이 일어나기를 간절히 원했습니다.

'유린타운' 출연진들과 함께

　6월 8일 학교 공연 당일, 아이들은 정말 더 바랄 것 없이 무대 위에서 신나게, 재미있게 놀아줬습니다. 한 번밖에 없을 공연인 만큼, 후회 없이! 공연이 끝나고 처음으로 와주신 부모님들의 기립박수를 받을 만큼! 결과보다는 과정을 보시는 인격적인 하나님께서 제 기도에 넘치는 은혜로 응답해 주셨습니다.

　6개월의 긴 과정 끝에 공연을 마무리하며 박수가 끝나고 무대를 철수하는 과정에서 보통 갖게 되는 안도감이나 공허함이 느껴질 줄 알았는데 처음이자 마지막이었던 그 공연이 이상하게 마지막 같지 않았습니다. 하나님께 감사 기도를 드리는데도 아직 끝이 아니라는 생각에 질문했습니다. "더 남아있는 게 있는 건가요?" 점점 새로운 기대가 생겼습니다. 한 번 더 학생들이 빛이 날 수 있는 무대를 하나님께서 준비해 두셨을 수 있겠다는 마음이 들기 시작했습니다. 그래서 저는 하나님께서 주신 마음을 순종하며 아이들과 함께 한 번 더 큰 모험을 하기로 결심했습니다.

공연 다음 날, 어디서 그런 용기가 났는지, 저는 케냐 국립극장(Kenya National Theatre)을 찾아갔습니다. 학교가 아닌 장소에서 공연을 해야겠다는 생각이 들었고, 외부에서 공연을 할 바에야 가장 전문적이고 시설이 잘 준비된 곳에서 하기 원했습니다. 지금 와서 생각해보면 무모했던 그 일을 어떻게 진행할 수 있었는지 신기하기만 합니다. 아마 무대 위에서 빛나던 아이들의 모습을 보고 용기가 났던 것 같습니다.

국립극장이 가지고 있는 두 개의 무대 중 150석 규모의 작은 극장을 렌트할 생각이었습니다. 갑작스럽게 준비하게 된 프로젝트라 그런지 평일만 대관이 가능했습니다. 여차여차 하여 공연일을 28일로 극장 측과 확정하고 무대를 확인하러 갔는데 생각보다 너무 낡고 작아서-우리 학교 채플보다 작은 사이즈였습니다- 괜한 짓을 하고 있는 건 아닌지 의문이 들었습니다. 살짝 실망한 마음으로 돌아가는 길에 갑자기 국립극장에서 뜬금없는 전화가 걸려왔습니다.

"Miss Grace, I have arranged the main auditorium space for you to use on the 28th." (선생님, 28일 공연에 메인 극장을 사용하실 수 있도록 준비해 두었습니다.)

국립극장 매니저의 전화를 받고 저는 다시 한번 하나님께서 함께하고 계시다는 느낌을 받았습니다. 작은 극장을 생각하고 갔는데 350석이나 되는 최고급 시설의 메인 극장을 사용하게 된 것입니다. 돌아온 저는 더 담대하게 학교에 요청할 수 있었습니다. 학생들이 케냐 국립극장에서 '유린타운'을 한 번 더 정식으로 공연할 수 있도록 교장 선생님, 그리고 동료 선생님들과 이야기를 마친 뒤 저는 아이들을 불러 모았습니다. 그리고 비장하게 이야기했습니다.

"Would you guys like to perform Urinetown one more time?" (여러분, 유린타운 공연을 한 번 더 해보고 싶은 마음 있나요?)

"YES!" (네!)

"How about we have that one last performance at Kenya National Theatre?" (그러면 우리 그 마지막 공연을 케냐 국립극장에서 하면 어떨까요?)

잠깐의 정적을 뒤로 하고 곧이어 엄청난 환호성과 놀라고 신난 아이들의 비명소리들이 터져 나왔습니다.

"WE ARE PERFORMING AT KENYA NATIONAL THEATRE!!!" (우리가 국립극장에서 공연한다!!!)

아이들에게 소식을 알린 날부터 국립극장에 서는 날까지 남은 일정은 약 2주일. 기말고사와 여러 스케줄을 뒤로하고 학생들은 정말 열심히 연습해주었습니다. 그리고 6월 28일! 약속한 공연 날이 되어 우리 학생들은 뮤지컬 '유린타운'을

부모님과 친구들뿐 아니라 모르는 관객들 앞에서 케냐 국립
극장의 제일 큰 무대에서 공연했습니다. 객석에 한 사람만
있어도 최선을 다하라고, 너희 자신들을 위해 신나게 놀라
고 말해주었는데 하나님께서는 생각보다 더 많은 축복으로
우리 아이들을 격려해 주셨습니다. 공연이 끝난 뒤 한 아이
의 부모님께서 찾아와 축하해주며 물었습니다,

"How did this happen? How did Kenya National
Theatre happen?" (이 모든 일이 어떻게 일어나게 되었나
요? 어떻게 케냐 국립극장에서 공연을 할 생각을 한 거죠?)

어떻게 이렇게까지 오게 되었는지 돌아보면 아직도 믿기
지가 않습니다. 그러나 공연을 처음 준비하며 이 아이들을
혼자 감당해야 한다는 상황에 두려움과 스트레스를 받던 저
에게 "걱정하지 말아라, '아이들이 할 거야'"라고 하셨던 하
나님의 말씀이 맞았다고 고백할 수밖에 없습니다.

무엇보다 관계가 먼저라는 것을, 결과보다는 과정이 중
요하다는 것을 이렇게 저는 또 한 번 학생들에게서 배웁니
다. 이웃을 내 몸과 같이 사랑하라고 하셨던 하나님의 말씀
에 순종했을 뿐인데 그 과정 속에 능력과 지혜가, 그 길의
끝에 축복이 숨겨져 있었습니다. 처음에는 보이지 않았지
만 말입니다. 이렇게 성장한 우리들의 관계 속에서 피어난
아름다운 창작의 꽃, 우정의 열매들이 오직 하나님 아버지
께 영광으로 드려지기를 간절히 소망합니다.

2018년 7월 1일

에필로그

책을 쓰면서 참 많이 울었습니다.

처음부터 케냐를 떠나는 순간까지 글로 하나님의 동행을, 놀라우신 은혜를 기록하게 해주셔서 얼마나 감사한지요. 글을 정리하며 처음부터 끝까지 제가 쓴 글이 아님을 고백합니다. 케냐를 떠나며 생각과 감정이 정리되지 않았던 부분들이 마음속에서 정리되는 시간이었습니다. 그럼에도 하나님께 묻고, 세상을 향해 했던 질문들은 여전히 속 시원한 대답보다 답답함을 더 많이 담고 있습니다. 현장은 바뀌었어도 여전히 믿음의 선한 싸움은 멈추지 말라는 하나님의 이야기가 들리는 것 같습니다.

선교지를 떠나면서 감당하지 못할 슬픔을 방어하고, 보고 싶지 않아서 많은 것을 외면하고 있었나 봅니다. 지금에서야 마음 놓고 울며 깨닫게 되는 것들이 있습니다. 슬픔과 기쁨, 보람이 동시에 오면 감당하기가 어렵다는 것도 이제 깨닫게 되는 것들 중 하나입니다. '선교'라는 이름 안에 차곡차곡 쌓아두었던 아프고 힘들고 어려웠던 시간들이 폭풍이 지난 뒤 조금씩 먼지가 가라앉듯 차분해져 갑니다. 그곳에서 찬란했던 하나님과의 기억, 친구들과 함께했던 여정을 통해서 또 다른 저의 집 케냐는 마음속에 환한 빛을 비추고 있습니다. 그것이 다른 어떤 것보다 값진 경험이 아닐까 생각해 봅니다.

그동안 썼던 선교 편지를 다시 읽을 때마다 케냐가 생생하게 살아나 제 마음을 울립니다. 어디서부터 시작해야 할지도 몰랐던 이 책을 현실로 가능하게 하신 하나님, 이 책을 통해 한 사람의 영혼이라도 선교에 대한 열정을 불태우면 좋겠다는 비전을 심어주신 안상철 장로님, 말로 다 표현하지 못할 만큼 사랑하고 존경하는 부모님, 그리고 케냐라는 아름답고 슬픈 땅에서 잠시나마 나그네 같은 제가 머물다 갈 수 있도록 허락해준 소중한 인연들에게 이 책을 바칩니다.

2019년 봄

반다혜 드림